# THIAGO TADEU CASTRO MATOS

# JORNADA DO COLABORADOR

## 7 passos para elevar a experiência do colaborador

CB040232

Literare Books
INTERNATIONAL
BRASIL · EUROPA · USA · JAPÃO

**Presidente:**
Mauricio Sita

**Vice-presidente:**
Alessandra Ksenhuck

**Diretora executiva:**
Julyana Rosa

**Diretora de projetos:**
Gleide Santos

**Capa, diagramação e projeto gráfico:**
Gabriel Uchima

**Revisão:**
Ivani Rezende e Leo A. Andrade

**Relacionamento com o cliente:**
Claudia Pires

**Impressão:**
Gráfica Paym

---

**Dados Internacionais de Catalogação na Publicação (CIP)**
**(eDOC BRASIL, Belo Horizonte/MG)**

M433j    Matos, Thiago Tadeu Castro.
       Jornada do colaborador: 7 passos para elevar a experiência do colaborador / Thiago Tadeu Castro Matos. – São Paulo, SP: Literare Books International, 2022.
       14 x 21 cm

       ISBN 978-65-5922-369-5

       1. Administração de empresas. 2. Desenvolvimento organizacional. 3. Administração de pessoal. I. Título.
                                         CDD 658.3142

**Elaborado por Maurício Amormino Júnior – CRB6/2422**

---

Literare Books International.
Rua Antônio Augusto Covello, 472 – Vila Mariana – São Paulo, SP.
CEP 01550-060
Fone: +55 (0**11) 2659-0968
site: www.literarebooks.com.br
e-mail: literare@literarebooks.com.br

# JORNADA DO COLABORADOR

7 passos para elevar a experiência do colaborador

# AGRADECIMENTOS

Ser grato é reconhecer que na jornada da vida nada se faz sozinho. Por isso, quero registrar aqui minha eterna gratidão a pessoas especiais.

A minha mãe dona Maria e ao meu pai Francisco, pelo carinho e educação. A minha irmã Cristiana, Cris ou simplesmente "Kida", pelo exemplo e amor fraterno. A minha esposa Graziella, pela cumplicidade e companheirismo e aos meus filhos, Guilherme e Valentina, por me lembrarem diariamente que devo seguir com fé atrás dos meus sonhos. Aos meus sobrinhos, Igor e Gustavo, por me ensinarem que, independentemente do que aconteça, a vida continua e devemos seguir firmes, fortes e com um sorriso no rosto. Ao meu cunhado Roberto, por me mostrar que, quando se trata de um "encontro de almas", o amor transcende a realidade em que vivemos. E a minha irmã Fabi, que foi luz por onde passou e que me ensinou o valor e poder do perdão.

# PREFÁCIO

**N**unca falou-se tanto sobre experiência do colaborador como hoje.

E por que esse tema se tornou tão relevante para as empresas e instituições?

Porque o mundo mudou, os valores mudaram e o ponto de vista das pessoas em relação à carreira e ambiente de trabalho também. As novas gerações e tecnologias impactaram fortemente a maneira de pensar e agir das empresas.

A imagem e reputação passaram a ser ativos tangíveis e o processo de transformação nas relações de trabalho tornou-se condição *"sine qua non"* para construção desses ativos.

A primeira Revolução Industrial, em meados do século XVIII, transformou completamente não apenas a forma de produção de mercadorias, mas a relação entre capital humano e o trabalho.

Naquela época, as condições de trabalho não poderiam ser mais adversas: jornadas de trabalho intermináveis, empregados trabalhando sem qualquer tipo de proteção adequada, movimentos repetitivos, trabalho infantil, salários mais baixos para mulheres e crianças, além da inexistência de qualquer tipo de espaço para o diálogo.

Depois foram surgindo os sindicatos, as leis trabalhistas e as coisas nunca mais voltaram a ser como eram antes.

As relações humanas passaram a ter grande relevância no sucesso das empresas e, embora já se fale em uma quinta revolução industrial, cujo grande protagonista dessa nova fase seria a tecnologia, o papel das pessoas e seu desempenho serão determinantes.

Não existem máquinas extraordinárias sem seres pensantes por trás.

E, por isso, estamos repensando a forma com a qual atraímos, selecionamos, contratamos, avaliamos, promovemos e, até mesmo, demitimos.

Ao pensar nessa jornada, as empresas podem ter a oportunidade de fazer parte de passagens memoráveis na vida das pessoas, afinal, quem não se lembra daquela entrevista de emprego em uma empresa que queria muito trabalhar?

Do primeiro dia de trabalho? Da primeira vez que participou de uma reunião em grupo? Ou de quando foi demitido ou pediu demissão?

O que mudou de um lugar para o outro?

Certamente, a sua experiência.

E é essa experiência que cria conexões positivas ou negativas com os lugares pelos quais passamos.

Coloque-se no lugar de um funcionário na sua empresa ou seu negócio.

Como avaliaria a sua experiência em todas essas etapas?

Não darei *spoilers*, mas, nos capítulos a seguir, você entenderá a importância do mapeamento da Jornada do Colaborador e todas as vantagens de fazê-lo.

Sempre acreditei que todos os candidatos são *stakeholders* de uma marca ou empresa, ora como candidatos, ora como consumidores, ora como acionistas ou quaisquer outros papéis que venham a ocupar.

A questão é: a forma como você começa, mantém ou termina essa relação diz muito da cultura interna e, diferentemente do passado, esta reverbera, ajudando, assim, na construção da reputação e imagem.

Finalizo afirmando que o tema deste livro não é um modismo, é relevante e veio para ficar.

Cuidar e melhorar a experiência do colaborador é estratégico, sim, acima de tudo, por ressaltar a importância do respeito às pessoas e, pelo que me consta, respeito é atemporal.

**Carolina Duque,**
**Vice-Presidente de RH e Experiência do Cliente.**

# INTRODUÇÃO

O que você fez com a maior dor de sua vida? Aquela: a maior de todas?

Como seres humanos, fugimos da dor igual "o diabo foge da cruz". Não queremos sofrer de jeito nenhum, passar por dificuldade ou sentir dor. Mas o sofrimento é inerente ao ser humano. Viver é como ganhar uma lista de problemas a serem solucionados, dia após dia.

Comédia ou tragédia, o que é a vida? O que nos marca de verdade? Quais são os pontos de virada que se tornam os "antes e depois" em nossa trajetória? O que nos molda e nos fortalece? Quais são os instantes que ficam em nossas memórias, como um dedo que queima e lateja constantemente, nos lembrando a dor escondida em nós mesmos?

Eu conheço a minha dor, sei bem quem ela é. Ela vive comigo todos os dias, mas isso não significa um problema mal resolvido, mas um olhar amadurecido e construído sobre o que me feriu, mas também me reconstruiu, me tornando uma pessoa melhor.

A dor maior é aquela que nos leva ao propósito de nós mesmos, daquilo para o qual viemos a ser nesta existência.

Este livro pode ser considerado um romance, já que conta a minha história com a Fabi. A minha irmã foi uma das pessoas mais importantes da minha vida, amiga e profissional que me influenciou a vida inteira e vai influenciar até o meu último dia.

Fabi foi responsável pelo meu primeiro emprego, pela minha decisão de cursar uma universidade, mesmo quando estava certo de que trabalharia primeiro. A minha irmã me ensinou a amar e a enxergar a vida a partir de sua percepção: altruísta.

Com a sua trajetória, fui obrigado a sentir profundamente o que é o sofrimento. Muito mais que um dedo queimado, entendi que uma dor pode ser tão grande e insuportável, nos paralisa. Em momentos, que acreditei que deveria gritar, correr e chorar ou até mesmo esmurrar uma parede; mas silenciei.

Compreendi que uma dor quando é tão intensa nos deixa em estado de choque, pondo-nos em um lugar escuro e escondido dentro da própria consciência. E o grito se manifesta muitas vezes depois, num processo dolorido e demorado, no qual nenhum de nós gostaria de estar. Mas essa escolha não cabe a mim ou a você. É a vida. E a morte.

Por isso este livro. Como a minha experiência de dor, junto à minha irmã Fabi, me transformou em um profissional melhor, a ponto de influenciar a minha carreira na área de recursos humanos, de forma que hoje possa influenciar você e diversas empresas como um todo?

Se antes eu gostava de me relacionar com pessoas, após essa experiência, entendi o quanto mais poderia melhorar o mundo ao meu redor. Ao mesmo tempo que vivenciei a minha dor, conheci o trabalho de Jacob Morgan, o americano que me motivou a criar a Jornada do Colaborador.

Inspirado na obra *The Employee Experience Advanced*, de Jacob, criei os 7 passos para que qualquer profissional de recursos humanos possa implantar um modelo de trabalho que eleve o nível da experiência dos colaboradores nas empresas. Um método que pode gerar um ciclo virtuoso envolvendo a empresa, os colaboradores e os clientes.

Se você é um profissional de RH ou simplesmente trabalha com pessoas e busca compreender melhor como colocar em

prática um modelo funcional de Jornada do Colaborador, este livro é perfeito para você. Um verdadeiro processo de relacionamento. Você vai entender a importância de gerar conexão com as pessoas, criando relações de longo prazo com elas.

Essas conexões começam antes mesmo de um profissional querer entrar em uma empresa, e não terminam nem quando esse profissional já se desligou. A compreensão de que a relação entre as empresas e as pessoas é contínua trará vantagem competitiva para as empresas na briga por profissionais talentosos.

Mas, para isso, é importante dar voz ao colaborador em todos os momentos de sua jornada. Quando uma organização olha para seus processos internos pelo ponto de vista do colaborador, ela muda por inteiro. Eu mudei. Eu me transformei por causa da Fabi. E, por causa dela, ajudei grandes empresas a mudar e, hoje, posso ajudar você a fazer o mesmo. E transformar a sua empresa, numa trajetória que vai mudar a vida de todas as pessoas que colaboram com ela.

Seja bem-vindo à Jornada do Colaborador!

# SUMÁRIO

# PASSO

# 1

"A VIDA NÃO PASSA DE UMA OPORTUNIDADE DE ENCONTRO; SÓ DEPOIS DA MORTE SE DÁ A JUNÇÃO; OS CORPOS APENAS TÊM O ABRAÇO, AS ALMAS TÊM O ENLACE."

VICTOR HUGO

# O CICLO DE RELACIONAMENTO DO COLABORADOR

Se você já trabalhou em uma empresa, sabe muito bem do desafio que pode ser conviver com diferentes pessoas em um ambiente de trabalho, enfrentar a rotina, além de uma necessidade forçada de integração. Ainda que não se goste de uma pessoa ou outra, inevitavelmente será necessário estar em contato com ela em algum momento. A partir dessas relações, se estabelece a cultura organizacional que, por vezes, é tóxica, por vezes, é saudável. Esse detalhe faz toda a diferença na vida das pessoas e da empresa como um todo.

Quando pensamos em cultura organizacional, estamos falando também dos aspectos que afetam a qualidade de vida dos colaboradores, os processos da empresa e, consequentemente, a produtividade e os seus resultados. Não é demais dizer que o lucro de uma empresa e o seu sucesso estão relacionados ao nível de engajamento de seus colaboradores dentro dessa empresa. A importância dos clientes internos é algo incalculável. Por isso, melhorar a experiência deles é algo que vai fazer os resultados de negócio decolarem.

O Ciclo de Relacionamento do Colaborador parte de conceitos que complementam ou podem até transformar uma cultura organizacional, colocando o colaborador como protagonista da mudança, no centro da tomada de decisão.

Com várias etapas, esse ciclo começa antes mesmo de uma pessoa fazer parte da empresa. O que isso quer dizer? Isso significa que, quando mapeamos a Jornada do Colaborador, temos uma visão holística dos pontos de contato das pessoas com a marca da empresa. E isso nos permite gerenciar melhor essa interação que as pessoas têm com a marca, criando admiração e desejo de trabalhar nela.

O Ciclo de Relacionamento do Colaborador age de forma tão profunda e eficiente, porque permite que as empresas se comuniquem assertivamente com as pessoas, antes mesmo de elas sequer pensarem em se candidatar a uma vaga, gerenciando a marca empregadora, criando conexões afetivas positivas com os profissionais de fora da empresa e com o mercado de trabalho como um todo. Essas conexões afetivas também influenciam aquelas pessoas que, por algum motivo, saírem da empresa. Fazendo com que elas sempre falem bem da empresa com satisfação e até provável gratidão, tornando-se embaixadoras da marca, falando bem dela e a recomendando como um bom lugar para se trabalhar.

Essa linha de trabalho considera que a opinião de cada colaborador importa, independentemente de que momento do Ciclo de Relacionamento do Colaborador ele esteja, de forma que todos os colaboradores sejam vistos, reconhecidos e, por consequência, se tornem fonte de informações e soluções, participando ativamente da construção de uma empresa melhor.

Essa maneira de enxergar a relação entre empresa e empregado empodera os colaboradores e potencializa seu desempenho que, dessa forma, melhorará seus resultados e os da empresa, criando uma relação ganha-ganha.

O Ciclo de Relacionamento do Colaborador é muito mais do que só olhar para quem está dentro da empresa. É uma visão holística que permite enxergar além do contrato de trabalho e

criar relações positivas com as pessoas, sejam elas do mercado de trabalho, colaboradores e clientes.

É o que podemos chamar de ciclo virtuoso.

— — — — — — — — — — — —

**No escritório.**

Olho no relógio: 8h.

Eu estou em uma sala de reuniões na empresa onde trabalho.

"Deixa eu pegar a minha agenda, preciso anotar um recado, antes que eu me esqueça."

Pego uma caneta e escrevo o que acabei de ouvir num áudio pelo WhatsApp.

Ouço o barulho de alguém batendo levemente na porta e entrando.

— Pode entrar! – eu digo, sem olhar.

Continuo escrevendo, mas sinto o leve movimento de uma pessoa puxando a cadeira e se sentando bem à minha frente.

"Deve ser a pessoa que irei entrevistar. Aquela que sinalizou problemas na experiência com o *onboarding*."

"Peraí, já falo com você."

Estou terminando de escrever, mas já fico pensando no impacto que eu posso gerar nessa conversa e na impressão que ela pode ter sobre mim e a empresa nesse contato.

"Pronto, terminei!"

Suspiro e levanto o rosto, olhando para a mulher à minha frente, pela primeira vez.

— Não pode ser. Fabi? Não pode ser você...

Eu balbucio todo sem jeito, limpando uma lágrima, que corre meu rosto, movimento todo o meu corpo na cadeira, como se quisesse fugir, ao mesmo tempo em que não sei o que fazer.

"O que está acontecendo?"

Fabi sorri.

— Sou eu, Tim. Eu vim te ver.

Eu olho para todos os lados e me sinto confuso. Tenho a sensação de que irei desmaiar, mas ela se levanta e vem na minha direção.

"O que, o que você vai fazer?"

Continuo me sentindo paralisado.

Ele abaixa e me abraça, com muita suavidade e delicadeza.

— Eu estou aqui, Tim. Apenas fale comigo.

Fecho os olhos num momento de amorosidade que há tempo não sentia.

"É ela..., meu Deus! A Fabi! Ela está aqui."

Absorto num misto de sentimentos, me levanto, devolvo o abraço e choro.

— Estou feliz que esteja aqui, Fabi. Mas estou confuso.

Ela brinca.

— Não quer ouvir como foi meu *onboarding* nessa empresa?

Eu rio. Agora mais descontraído, me entrego à conversa e à alegria de ter a minha irmã comigo.

Nós trocamos um longo e profundo olhar. Enxugo o meu rosto.

— Quer se sentar?

Ela se senta, sorrindo.

— E então, você acha que eu tenho chances de ser feliz aqui, nessa empresa?

— Se depender de mim, pode, sim. Mas você quer mesmo trabalhar aqui?

Ela balança o pescoço.

— Sim!

Eu viro o rosto para os lados.

— Isso não está acontecendo, é impossível!

— O que é impossível, meu irmão?

Continuo balançando o pescoço para os dois lados, mas não respondo.

"Eu não sei o que está acontecendo, mas me sinto absolutamente feliz."

Eu me entrego ao que quer que seja esse momento.

Respiro fundo e continuo olhando seu rosto, suas mãos, até o seu jeito em posicionar a bolsa em seu colo.

"Mas ela não mudou nada. Está tão bonita."

Suspiro.

— Você está tão bonita, Fabi.

Ela entorta o pescoço, como se estivesse flertando comigo.

— Você continua lindo, Tim!

— Você sempre me chamou de Tim, desde criança.

Ela sorri.

Fecho os olhos e decido não entender, porque sinto uma paz em meu peito que me faz querer estar neste momento para sempre.

"Quem se importa?"

Abro os olhos.

— Então você quer trabalhar comigo? Na mesma empresa que eu?

Ela responde sorrindo.

— Não seria a primeira vez, não é mesmo?

Eu rio.

— Verdade. Eu sei que você abriu mão da sua vaga de trabalho para que eu pudesse trabalhar.

— Seu primeiro emprego. Você virou atendente da central de atendimento.

— Eu sei...

— Você se lembra, Tim?

— Como poderia esquecer? Eu passei tanto tempo procurando um trabalho e, assim que você percebeu minha angústia, conseguiu me colocar na empresa em que você trabalhava.

— Nem foi assim tão rápido. Eles demoraram.

— Também, pudera. Você fez chantagem com seus colegas, dizendo que se eles não me dessem a vaga, que você sairia da empresa.

Ela me olha de canto.

— Você ficou sabendo disso?

— Lógico que fiquei, demorou uns três meses, mas eles me contaram.

— Mas eles cederam, me mudaram de setor para que você pudesse entrar.

— As regras, Fabi, lembra? Membros da mesma família não podem trabalhar no mesmo departamento.

— Pois é.

— Muita bagunça.

Rimos feito crianças nesse momento.

"Será que é a saudade que faz isso?"

— E então, Tim? Como é trabalhar para melhorar a experiência das pessoas que trabalham aqui? Você gosta?

— Sim, gosto muito. Mas também gosto de olhar para você e lembrar de nossas histórias.

— O que você quer fazer primeiro?

— Como assim, Fabi?

— Quer ouvir sobre os problemas que tive em meu *onboarding* ou falar das nossas histórias?

— Das nossas histórias, claro.

— Ok.

Eu a olho, desconfiado.

— Mas é sério que você quer trabalhar aqui?

— Claro que eu quero, Tim.

— Mas por quê?

— Para ficar perto de você.

Sinto meus olhos lacrimejarem.

— Não se preocupe, Tim.

— Com o quê?

— Eu não vou te dar trabalho.

— Claro que não, sempre fui eu que te dei trabalho.

Ela solta uma gargalhada.

— Tim, eu sou dez anos mais velha do que você, é natural que você me desse trabalho e não o contrário.

— É, isso é.

— Sabe do que mais?

— Quê?

— Eu sempre gostei de ser a irmã mais velha.

— Por quê?

Ela dá de ombros e responde olhando para o lado.

— Não sei, acho que gostava de ser a responsável, de cuidar da casa enquanto nossos pais trabalhavam e cuidar de você.

— E da Kida, né?

— Sim, mas você era o queridinho da família.

Abaixo a cabeça, meio sem graça, porque no fundo eu sei que ela tem razão.

—Eu não tenho culpa de que eles queriam um filho homem.

— Eu sei que não. E fico feliz que você tenha vindo.

Eu respiro fundo e estico o corpo para trás e as pernas para a frente. Fico olhando para minha irmã por alguns instantes.

"É tão bom olhar para ela."

— O que mais, Tim?

— O que mais, o quê?

— Que histórias você quer falar sobre a gente?

Cruzo as mãos atrás da minha cabeça e fico olhando para cima, sorrindo.

— Lembra quando você me levou numa entrevista sua, como assistente social, para o seu trabalho de conclusão de curso, o TCC?

— Lembro, eu fui entrevistar uma senhora.

— É..., foi ali que eu decidi ir para a faculdade.

— Sério?

Eu movimento a cabeça e trago os braços para a frente do meu corpo.

— É, mas eu acho que você já sabia disso.

— Já, mas eu gosto de ouvir você. Me fala de novo.

Eu rio.

— Eu, todo cheio da arrogância da juventude, achava que não precisava estudar e eu devia trabalhar primeiro.

Ela sorri e fica me olhando em silêncio.

Eu continuo.

— E naquele dia, vendo a sua desenvoltura na entrevista, falando do seu curso e todo o conhecimento que tinha adquirido, eu senti tanto orgulho, que decidi que queria seguir o mesmo caminho.

— E você foi estudar administração, ter a chance de trabalhar em diversas áreas, independentemente da empresa.

— É. Foi uma boa escolha.

Ela me olha séria.

— Você acha isso ainda?

— Sim, claro.

— Por quê?

— Pela minha própria trajetória profissional, Fabi.

— Me conta.

— Quer mesmo saber?

— Estou aqui, não estou?

Sorrio e a olho cheio de ternura, uma alegria me invade.

— É, está.

— Então me conta. Sou toda ouvidos.

— Eu fiquei naquela empresa quatro anos e fui subindo até vender plano de saúde, como uma espécie de corretor e ganhava um pouco mais. Ela balança a cabeça.

— É, Tim, eu me lembro. Senti tanto orgulho de você.

— Depois, quando eu estava com uns vinte e quatro anos, fui mandado embora num corte da empresa.

— Eu me lembro, foi na mesma época que descobri que estava grávida do Gustavo. Eu balanço a cabeça lentamente, numa viagem no tempo.

— Igor e Gustavo, seus filhos eram tão pequenos naquela época.

— Eram mesmo.

Suspiro e continuo.

— Eu continuei na faculdade e procurei emprego em outro lugar, até entrar num processo seletivo de um grande banco. Lembra?

— Lógico – ela ri – papai não se aguentava de tanto orgulho.

Eu rio.

— Eu me lembro, o chefe dele na época sempre dizia que uma boa opção de carreira era num banco.

— E você conseguiu.

Suspiro.

— Mas me fala um pouco do seu trabalho aqui nessa empresa.

— Por quê? Não estamos pulando várias partes da minha história?

Ela dobra o pescoço e pensa antes de responder.

— Pode ser, mas é que eu quero entender o que faz você gostar tanto do seu trabalho agora.

Eu arregalo os olhos.

— Como você sabe que eu gosto tanto do meu trabalho agora?

— Eu sinto.

— É verdade, mas como você pode saber disso?

Ela me olha profundamente:

— Eu vejo em seus olhos.

"Hum."

Respiro profundamente e olho para o lado.

— Quer um café, Fabi?

— Ainda não.

— Ainda não?

Risos.

— Já faz alguns anos que estou aqui e há pouco mais de dois anos, eu descobri um cara que está revolucionando a área das relações humanas dentro das empresas.

— Que cara?

— Um americano, o Jacob Morgan.

— Quem é ele?

— Um conferencista e futurista que tem uma abordagem interativa sobre liderança e conseguiu construir um império *on-line*.

— Só com as ideias futuristas dele?

— Mais ou menos isso, ele é um visionário, entende de pessoas e trouxe isso para o mundo por livros e conferências mundo afora.

— E ele é tão bom assim?

Balanço a cabeça.

— É sim, eu devorei tudo o que ele tinha para ensinar.

— E daí?

— Daí eu criei o meu método, baseado nas minhas experiências, aqui no Brasil, considerando a nossa realidade e trazendo tudo o que ele ensina para a prática.

— E já não era assim no que ele ensina?

Balanço a cabeça:

— A princípio parecia que sim, mas, ao tentar colocar em prática, percebi que não. Então eu fui testando maneiras de fazer, complementando com outros conceitos, incorporando ferramentas para facilitar a execução, até chegar nos processos que implementei e no método que criei.

— Parabéns, Tim.

Eu sorrio.

"Como o orgulho dela me preenche, sua presença."

Suspiro e me perco em seus olhos, mas ela parece perceber e me chama para a realidade.

— Como é esse método, Tim?

— Eu o chamo de Jornada do Colaborador. Um método prático e funcional que permite construir uma espécie de monitoramento da experiência do colaborador de ponta a ponta.

— O que isso quer dizer?

— Quer dizer que é possível mapear o caminho pelo qual todas as pessoas passam em sua trajetória dentro das empresas, que começa antes mesmo de ele ingressar nela e se mantém, mesmo quando ele a deixa.

— Que doido isso, Tim!

— Doido nada. Doido é como era antes.

— Como assim?

— As opiniões das pessoas eram desconsideradas, os processos internos, o ambiente físico de trabalho, as plataformas tecnológicas, tudo era escolhido e definido sem dar voz ao colaborador. Sem saber quem, de fato, faria a atividade, se aquela seria a melhor opção para o trabalho.

— E como é que funciona isso? Não estou entendendo muito bem.

— Veja, Fabi. Você acabou de ingressar na empresa, certo?

Ela concorda com um movimento no pescoço.

— Então, provavelmente, algo da empresa chamou a sua atenção, causando seu interesse de estar aqui, antes mesmo de você pensar em se candidatar para essa vaga.

— Sim, mas ainda acho estranho o que está me dizendo.

— Não tem nada de estranho, Fabi.

Ela se remexe um pouco na cadeira e muda a bolsa de posição.

— Não?

— Não. Veja bem. O que te chamou a atenção em um primeiro momento nessa empresa e a fez se interessar a trabalhar aqui faz parte da Jornada do Colaborador. E, de acordo com o método que

eu criei, o primeiro passo para mapear essa jornada é O Ciclo de Relacionamento do Colaborador.

— Hum.

— É a primeira etapa a ser construída e a mais importante. É uma visão aérea da Jornada do Colaborador. Dela vão se desdobrar as outras etapas em uma visão que vai do macro para o micro.

— Quantas etapas são, Tim?

— Sete.

Continuando.

— Então essa primeira etapa do processo vai afunilando da estratégia para a tática e operação.

— É, faz sentido: pensar antes de agir.

— Isso porque se começarmos mal aqui, provavelmente tudo que fizermos para desdobrar a Jornada do Colaborador pode não funcionar muito bem.

— Dar voz às pessoas parece importante para você, Tim.

— Se é..., é o mais importante.

— Empatia, gosto disso. Continue.

— Como dizia, o Ciclo de Relacionamento do Colaborador começa bem antes da pessoa pensar em trabalhar na empresa. Essa é a fase de atração, quando a empresa usa todos os seus pontos fortes para chamar a atenção dos melhores profissionais do mercado. Essa é a etapa inicial do Ciclo de Relacionamento do Colaborador, que eu gosto de chamar de "Sou atraído", isso para que vejamos a jornada, desde o começo, pelo ponto de vista do outro. Para, desde o início, tirar o viés da visão processual e corporativa.

— Você quer dizer que eu quando me candidatei a essa vaga foi porque, em algum momento, senti vontade de trabalhar nela?

— Exato! E se conseguirmos proporcionar uma boa experiência na jornada inteira do colaborador, teremos menos rotatividade de pessoas (*turnover*), maior engajamento e, consequentemente, maior produtividade. Mesmo aquelas que saírem serão responsáveis por

dizer mundo afora o quanto é bom trabalhar aqui. Serão embaixadoras da marca. Esse é o poder que a Jornada do Colaborador pode proporcionar às empresas que a utilizarem para oferecer uma boa experiência para os colaboradores dela.

— É, faz sentido, Tim.

— Sim. O termo "Sou atraído" me ajuda a ter o olhar a partir do ponto de vista do colaborador e não do meu ou da empresa.

— Bonito isso.

Eu me levanto, dou uns passos, explicando a minha ideia.

— O "Sou atraído" começa na visão de quem está fora tem de como a empresa trata os colaboradores atuais, sua cultura e jeito de ser.

Fabi se levanta também e questiona.

— E como os próprios colaboradores da empresa falam bem sobre ela e sobre o seu dia a dia?

Damos uns passos dentro da sala, olhando um para o outro.

— Sim! Ouvir e ver os próprios colaboradores falando do ambiente de trabalho, da cultura e do quanto gostam de trabalhar ali ajuda as empresas a se tornarem mais atrativas. E tudo isso pode ser gerenciado por uma estratégia de marca empregadora, ou *employer branding*.

— E para que serve tudo isso, Tim?

— Para chamar a atenção de pessoas talentosas e aumentar a chance de a empresa ter sempre gente muito boa querendo trabalhar nela.

— Hum.

Eu me sento outra vez.

— No "Sou atraído", também está a experiência do candidato, quando participa dos processos seletivos.

— A experiência que eu tive, você quer dizer, Tim?

Agora, ela se senta também.

— Exatamente, a experiência que você teve como candidata. A comunicação e a fluidez das etapas do processo seletivo, a clareza sobre os desafios da posição e o retorno aos candidatos que participaram do processo são pilares fundamentais de encantamento.

— E o que mais?

— Na sequência do Ciclo de Relacionamento do Colaborador, começam os movimentos de entrada que eu chamo de "Sou contratado", que trata da experiência do colaborador com o processo de contratação.

— Sim, passei por essa etapa também.

— E depois, o "Eu ingresso", que trata do momento de chegada do colaborador na empresa.

— O momento de integração com o todo?

— Isso. É o momento em que você é colocada a bordo. Conhece melhor a empresa, seus colegas de trabalho, o escritório e acessa as informações iniciais para começar a trabalhar. A partir daí, o colaborador entra em um período cíclico.

— Como assim, Tim?

— Trata-se do "Eu me engajo", "Eu performo", "Eu me desenvolvo" e fica nesse movimento, indo e voltando por ele, enquanto permanecer na empresa.

— Até o fim?

— Até que, em algum momento, essa relação se encerra e o colaborador deixa a empresa.

— Parece interessante.

— Claro que é, Fabi. O colaborador é acompanhado em todas as suas fases, é visto, reconhecido e participa dos movimentos da empresa. Nós cocriamos melhorias na experiência de trabalho a partir da opinião dos colaboradores, estruturando um banco de dados com essas informações que ajudam a empresa e os gestores a colocar o colaborador no centro de suas decisões, desde as mais simples até as mais complexas.

— Uau. E depois que ele decide sair?

— Nesse momento, ele passará pela etapa do Ciclo de Relacionamento do Colaborador, que eu chamo de "Eu saio".

— Engraçadinhos esses nomes, você que criou?

Eu rio.

— Foi.

E prossigo.

—Aqui há dois pontos importantes. O primeiro é cuidar da experiência de saída para que o ainda colaborador seja acolhido e receba todas as informações necessárias para a transição. O segundo é cuidar da relação com os ex-colaboradores.

— Hum.

— Essa gestão do relacionamento com ex-colaboradores é conhecida como "*Alumni*" e faz parte da etapa do "Eu saio" do Ciclo de Relacionamento do Colaborador.

— Acho melhor eu aceitar o café agora, Tim.

Eu me levanto pronto para preparar o melhor café da minha vida para ela.

— Por que agora você aceita o café?

— Estou pensando em todas essas etapas. Será que eu vou passar por todas elas?

— Tudo vai depender da experiência que proporcionarmos para você aqui. Se você vai gostar.

Ela estica a mão para mim.

— Me dá esse café logo, Tim.

Eu rio e entrego a ela a xícara cheia.

Fabi fecha os olhos e fica sentindo o aroma que sai da xícara.

— Gostou?

— Ainda não tomei, apressadinho.

— Eu estou tão feliz.

— Por causa do seu trabalho, Tim?

— Não. Por causa de você.

Ficamos olhando um para o outro, ainda em pé e sem dizer mais qualquer palavra.

— Meu coração bate. Bate. E bate.

"Obrigado, meu Deus, por esse momento com a minha irmã!"

# EXERCÍCIO

1-Você acredita que a empresa onde trabalha ou a sua própria empresa está apta a implantar O Ciclo de Relacionamento do Colaborador? Ou já tem?
Para ajudar você nessa resposta, preencha a tabela a seguir, com transparência.

| Situação | Sim | Não |
|---|---|---|
| A sua empresa leva em consideração a opinião do colaborador para alterações e melhorias nos processos internos? | | |
| A sua empresa tem clareza sobre quais são os principais pontos de contato com o colaborador em sua jornada de trabalho? | | |
| A sua empresa conhece os pontos de dor na sua relação com os colaboradores? | | |
| A sua empresa envolve os colaboradores para cocriar melhorias nos processos internos? | | |
| Após um ano de trabalho, é significante a quantidade de colaboradores que deixam a empresa? | | |

_____

_____

_____

_____

_____

_____

_____

_____

**2-Se a sua resposta foi sim para a última pergunta, o que você acha que poderia ser feito para mudar essa realidade?**

_____

_____

_____

_____

_____

_____

**3-De que maneira você acredita que o Ciclo de Relacionamento do Colaborador pode ser algo positivo dentro dessa empresa?**

_____

_____

_____

_____

_____

_____

# PASSO

> "PRA QUEM TEM FÉ
> A VIDA NUNCA TEM FIM."
>
> O RAPPA

# OS MAPAS DE JORNADAS

O segundo passo da Jornada do Colaborador se chama Mapas de Jornadas.

Trata-se de um recurso para registrar todas as fases da trajetória dos colaboradores, identificando as que são as mais importantes para a experiência de trabalho. Assim, se tem clareza dos caminhos pelos quais os colaboradores vão percorrer na empresa, possibilitando monitorar as interações e criar uma experiência mais positiva no dia a dia das pessoas que trabalham ali. Os Mapas de Jornadas vêm para direcionar onde devemos olhar, ouvir e sentir, gerando informações valiosas (dados) para melhorar os processos e apoiar a tomada de decisão da empresa.

O Mapa de Jornadas é a ferramenta que permite o acompanhamento mais próximo das etapas do Ciclo de Relacionamento do Colaborador, dando uma visão clara sobre como colaborador se relaciona com a empresa e a empresa com o colaborador. Os pontos fortes e fracos dessa relação são identificados, permitindo que o processo de melhoria seja contínuo.

Como já mencionei no capítulo anterior, a "experiência do colaborador" começa antes mesmo de entrar na organização, ainda na relação que a marca cria com os profissionais que estão no mercado de trabalho e/ou em outras organizações. E o último estágio costuma ser um dos mais críticos para o colaborador:

o desligamento, o momento final, que pode trazer traumas para toda uma vida. A falta de suporte e orientação, ou um discurso negativo nessa etapa, pode ser emocionalmente devastadora para o indivíduo.

A pessoa que tem um desligamento traumático, seja pela inexperiência ou falta de empatia de quem a desliga ou já pelo histórico de sua jornada, faz com que nunca recomende a organização para os outros. Além da falta de recomendação, sua história passa a ser um discurso contra a empresa para todo o sempre.

Por isso a importância do mapeamento das experiências dos colaboradores. Esse processo, para ser feito de forma efetiva, deve ser iniciado de maneira empática, tomando o cuidado para ter como ponto de partida o olhar do colaborador, para que o indivíduo alcance suas expectativas. A pessoa não pode jamais ser enganada, deve, sim, receber informações claras sobre a jornada que iniciará. Isso protege o colaborador e a empresa de expectativas não satisfeitas.

É o construir da jornada, com o apoio um do outro. Com o conhecimento de aonde se quer ir, por meio de que caminhos, de que formas e com quais objetivos em mente.

Caso os objetivos não sejam claros, se torna complexo entender os motivos de saída dos colaboradores e as consequências de experiências ruins que poderiam ser melhoradas, a partir daquele insumo captado.

Criar esse registro em cima das experiências dos colaboradores, em cada etapa de suas jornadas, se torna também um grande apoio para os gestores da organização.

Tendo acesso a essa informação, todo e qualquer gestor pode tomar decisões, criar planos e estratégias, que fazem com que os colaboradores se sintam apoiados e motivados para atingir seu potencial máximo dentro de sua carreira. Sem falar na sua satisfação pessoal, que aumenta sua produtividade e, de modo coletivo,

torna o ambiente de trabalho e a cultura organizacional extremamente positivos.

A Jornada do Colaborador, o Ciclo de Relacionamento e o Mapa de Jornadas proporcionam os melhores resultados de fidelidade, satisfação e produtividade dentro de toda uma organização.

Todo esse processo bem trabalhado traz resultados, projetos bem-sucedidos, ambiente de trabalho saudável e agradável, status positivo para a empresa, além de criar relacionamentos duradouros entre colaborador, empresa e clientes.

---

Na casa dos meus pais, eu estou no quarto da mamãe, com a Fabi.

Olho para todos os lados e observo a cama, o guarda-roupa, alguns brinquedos espalhados pelo chão e na estante.

"Mas como pode esse quarto estar igual ao que era antes?"

Ela me oferece um brinquedo.

— Toma.

É uma bola de futebol velha, de capotão, toda encardida.

Pego e fico olhando, movo minhas mãos sobre ela e a aperto. Sinto como se voltasse no tempo.

Sento no chão e continuo rolando a bola nas mãos.

A minha irmã faz alguns trejeitos de menina e se senta bem à minha frente.

— Então, garoto, vamos continuar nossa conversa? O que você quer saber sobre mim? Esse processo é tão longo quanto o que você fez quando entrou no banco?

Eu rio.

— Você se lembra do quanto foi longo?

— É claro que sim, eram tantas etapas que não acabavam mais.

Balanço a cabeça.

— Se eu não tivesse passado, não teria ficado triste, me senti vitorioso, de ter chegado até a última etapa.

— Participar do processo mudou sua autoestima, Tim. É o que você está tentando fazer agora com essa sua Jornada do Colaborador. Você quer retribuir para quem puder o quanto recebeu na sua própria vida.

"Será?"

Espremo os lábios, percebendo o quanto sua frase faz sentido para mim.

— É, acho que sim.

Ela toma a bola da minha mão, levanta-se e sai correndo pelo quarto, rindo e me provocando.

— Você não me pega, você não me pega.

— É minha bola!

"Mas que danadinha."

Eu me levanto e corro atrás dela, mas não consigo nem tocar em seu corpo. Parece até que ela voa.

— Me dá a bola, Fabi! É minha!

Ouço sua gargalhada alta.

Ela joga a bola na minha direção e eu a pego no ar.

Sento-me de novo no chão.

— Estou tão feliz de estar com você, Fabi.

— Eu sei. – ela diz e se senta de novo.

— Me fala mais sobre a sua Jornada do Colaborador, Tim.

— Por que você quer saber, afinal?

Ela toma a bola da minha mão.

— Eu só quero saber de você, como você está, entender por que gosta tanto do que faz agora.

Eu suspiro.

Tomo a bola para mim e pergunto.

— Como você sabe de tudo isso, Fabi? Você estava tão ocupada com a sua... sua...

— Com a minha doença?

Fico com lágrimas nos olhos e abaixo a cabeça, fixo o olhar no chão, querendo me esconder.

"Que vergonha."

Mas ela continua a conversa, me encoraja com seu tom de voz suave.

— Já passou, Tim, está tudo bem agora.

Eu levanto o rosto e pergunto.

— Está?

Lágrimas correm até o meu pescoço.

— Está, Tim. Não está vendo como eu estou feliz?

Eu olho para ela, de cima a baixo e sorrio. Sinto uma paz me invadir.

Por algum motivo, esse momento me faz pensar no processo seletivo do banco.

— Você participou do processo sem mim, Tim. Você sabe o quão orgulhosa eu fiquei de ver você fazendo tudo aquilo sozinho?

Eu me pego boquiaberto e surpreso.

— Achei que você tivesse ficado decepcionada comigo.

— Por que eu ficaria?

— Eu não acompanhei a sua doença no início. Pelo menos, não o tanto que eu deveria, eu acho...

— Porque você estava ocupado demais, Tim: crescendo. Eu senti orgulho de você.

Não consigo conter um largo sorriso. De orelha a orelha.

"Como ela me faz tão bem?"

Devolvo a bola para ela, como se quisesse presenteá-la.

Fabi pergunta.

— E então, Tim? O que você quer saber? Você acha que eu vou me dar bem trabalhando com você, ou não?

— Por que você quer trabalhar na mesma empresa que eu? Para ficar perto de mim?

— Na verdade, eu estou sempre por perto.

Eu fico olhando para a bola na mão dela.

— Não pense mais na minha doença, Tim.

Meus olhos se enchem de água. Ela reforça.

— O câncer era parte da minha trajetória de vida, não da sua.

Entrelaço os dedos das mãos uns nos outros.

— Mas eu não estive lá o tempo todo, não consigo me perdoar por isso.

— Hoje você vai conseguir.

— Como você sabe?

— Eu vou ajudar você.

— Mas como?

Ela se levanta e sai correndo para fora do quarto.

Eu corro atrás dela.

---

Descemos as escadas do prédio correndo até o estacionamento e eu chego logo atrás da Fabi.

Fico encantando em voltar aqui: "Mas está tudo igual".

Fabi joga a bola em mim.

— Pega, Tim!

A bola bate na minha cabeça.

— Fabi! – eu reclamo.

Escuto sua gargalhada gostosa.

— Eu quero saber mais, Tim!

— Sobre o quê?

— Sobre a sua Jornada do Colaborador.

— Mas por quê? Você está mesmo curiosa para conhecer o método que criei?

Ela se aproxima e pega minha mão, me levando a um banco que tem no fundo do prédio, onde brincava quando criança.

Nós nos sentamos.

— Por que não falamos sobre você, Fabi?

— Sobre o que você quer falar?

— Não sei, sobre o Igor e o Gustavo, por exemplo?

Ela não altera o semblante, continua calma e aparentemente feliz.

— Eu realizei meu sonho de ser mãe, é isso o que importa.

Eu olho para o céu, acompanhando o voo de um passarinho. Decido ficar quieto. Mas ela volta a falar.

— Você sabe que foi durante a amamentação do Gustavo que eu descobri os primeiros sinais da doença.

Concordo movendo o pescoço para cima e para baixo.

— Meu seio empedrava e doía muito se eu o apertasse.

Ela suspira.

— Eu sei, o Guga tinha só seis meses.

— E o Igor, dois anos. – ela conta – sorrindo.

"Mas como pode sorrir?"

— Porque eu estou bem agora.

— Você lê meus pensamentos?

— Digamos que sim.

— O médico que me atendeu nem me cobrou a consulta. Era um amigo querido.

— Ele era o melhor mastologista de São Paulo na época, né?

— Sim, nós trabalhamos juntos muitos anos. Ele foi muito generoso comigo.

—  —  —  —  —  —  —  —  —  —  —  —

Uns instantes depois, eu observo a Fabi.

Estamos no hospital, ela suspira e começa a relembrar como foi o diálogo na consulta com o médico.

— Eu saí da sala de exames abotoando a blusa, olhei para o médico e questionei: e então, doutor?

Ele pigarreou um pouco, antes de começar a falar comigo.

— Eu vou mandar seu material para a biópsia. Eu ou alguém do hospital deve ligar para você mais tarde.

Eu lembro que o doutor Aurélio estava cabisbaixo.

"Será que ele já sabia?"

— Eu acredito que sim.

---

De volta ao escritório, em minha sala na empresa, Fabi se senta e me oferece a outra cadeira.

— Agora é sua vez.

— Vez do quê?

— De me falar mais sobre a sua jornada.

Eu balanço a cabeça, indignado.

— Mas um assunto não tem nada a ver com o outro, Fabi.

— Claro que tem. – ela ri.

— De que forma?

— Um assunto é sobre a sua vida e outro sobre a minha.

— Então vai, fala. O que você quer saber?

— Me fala, o que vem depois do Ciclo de Vida do Colaborador?

— A segunda parte importante sobre a jornada, que são os Mapas de Jornadas.

Ela se vira de frente para mim.

— Mapas de Jornadas?

— É, é uma forma de dividir a Jornada do Colaborador em etapas menores.

— E qual a necessidade disso?

— É uma forma de reconhecer em que momento da jornada o colaborador está. Isso nos permite acompanhar como se desdobra sua experiência em cada momento dentro da organização.

Ela sorri e pergunta.

— Em que parte do mapa eu estou, Tim?

Eu rio.

— Você está bem no comecinho do mapa, Fabi.

— Isso porque eu estou no *onboarding*, certo? Você não disse que a Jornada começa antes do colaborador entrar na empresa?

— Muito bem, Fabi, estava atenta! Conforme seguir seu caminho na empresa, eu explico cada etapa para você.

Eu chego a segurar a barriga de tanto rir com seu jeito gracioso de ser.

"Ela sempre faz graça com tudo."

— Vamos dar uma volta, tomar um ar?

— Vamos.

---

De volta ao lar, estamos no apartamento em que nossos pais viviam.

— Você sabe que nossos pais não moram mais aqui, né?

— Claro que eu sei.

Tenho uma sensação boa.

Ficamos caminhando em círculos, eu numa direção e ela em outra, ambos com os braços cruzados para trás.

Eu me sinto absorto nesse lugar. É como se não pudesse raciocinar. Apenas sinto.

— Dá saudades, né, Tim?

Eu sussurro.

— Muitas...

Minha irmã para de andar e se encosta na parede, olhando fixamente para mim.

— O que foi, Fabi?

— Você tem que parar de culpar os médicos, Tim.

"Como assim culpar os médicos? Como você sabe disso?"

— Você precisa se libertar de alguns pensamentos para seguir sua vida, sem nenhum peso, meu irmão.

Eu me sinto pesado, sento-me no chão.

Fabi se aproxima e abaixa seu corpo em frente ao meu:

— Eu não fui passiva, Tim.

Eu encosto o queixo sobre meus joelhos e começo a chorar.

— Eu não fui passiva. – ela repete e põe a mão sobre minha cabeça.

— É bom que chore, deixe essa dor sair de dentro de você.

"Mas como ela sabe?"

Eu olho para ela.

— Mas foram inúmeros médicos, Fabi. Como pôde nenhum deles ter percebido? Tantas ultrassonografias e raios-x?

— De que adiantou a sua revolta?

Eu falo de forma alta e seca, sem pensar.

— E a sua aceitação? De que adiantou?

Ela coloca as mãos sobre os meus ombros.

— Eu usei a energia que me restava para o tratamento.

Eu escondo meu rosto nos joelhos.

Lembro-me do cabelo dela, que caiu todo. Sinto-me tão pequeno.

Crio coragem e olho para ela de novo.

— Eu fiquei distante de você, Fabi. Eu não devia. Mas acho que fiquei com raiva.

— Você era muito jovem. Não tem que se responsabilizar em nada pelo que aconteceu. Tudo o que eu vivi era para ser exatamente como foi.

Falo com os olhos embaçados.

— Você sabe o quanto a nossa família se mobilizou por você, não sabe?

— Claro que eu sei. Nossos pais mudaram de apartamento e vocês foram todos ficar mais perto de mim. Você ainda estava na faculdade, procurando emprego e dando suporte em casa para a mãe.

Eu respondo.

— Nossos pais sempre disseram que nós somos as manteigas derretidas da família.

— Você, né? Eu não.

Aponto o dedo.

— Você sim! Nós dois!

Ela ri na minha cara.

— Você não sente falta do Roberto?

— Por que deveria sentir?

— Era seu marido, ué.

Ela levanta e dá um giro em torno dela mesma.

— E quem disse que eu não tenho contato com ele?

— Tem? – eu digo, levantando as sobrancelhas.

"Não acredito!"

— Ele sofreu menos do que você, Tim. Não achou difícil me ver debilitada, nem quis se blindar ou negar a minha doença.

— Desculpe.

— Está tudo bem agora.

Respiro e bufo ao mesmo tempo.

— Dois anos, Fabi.

— Eu sei.

— Dois anos em tratamento.

— Você tem que parar de se culpar, Tim.

— Mas eu não faço isso.

— Faz sim. O tempo todo.

Não consigo conter as lágrimas e um soluço.

— Eu não fiquei próximo de você, não entendi todo o tratamento, foram poucos os encontros, os diálogos.

— Pare, Tim.

— Eu fui egoísta, devia ter focado mais em você do que nas minhas coisas; no emprego e na faculdade.

Ela se vira de frente para mim e segura meus braços.

— Isso é a vida, Tim. A gente faz o melhor que pode, enquanto tudo acontece. E mais, você ia quase toda semana para o hospital.

— Você era a primogênita, Fabi. A vida nunca mais foi a mesma. Nem os nossos pais.

Ela fica de joelhos no chão.

— Chega, Tim!

Levanto o rosto, sentindo uma nova sensação.

— O que foi?

— Me fala do banco!

— Do banco? Por quê? O que você quer saber?

— Quanto tempo você ficou lá? Como foi? Você gostou?

Decido me levantar e dar voltas pelo apartamento outra vez. Fabi me acompanha.

Então eu falo sobre o bendito banco.

"Se é o que ela quer..."

— Eu tive uma carreira crescente, Fabi: atendente, supervisor e vendedor.

— Você gostava de trabalhar lá?

— Muito! Tinha uma cultura organizacional muito boa.

Ela ri.

— Pudera, depois de quatro meses desempregado, sofrendo de baixa autoestima, angústia...

Eu rio também.

— Eu fiquei dois anos e meio na área comercial, direto. Depois, comecei a treinar novos colaboradores da mesma área e comecei a gostar de RH.

— Ahhhhh – ela solta – então foi ali que tudo começou.

Eu me balanço todo, orgulhoso, de alguma forma.

— Foi... Pouco depois, comecei a ministrar cursos em sala de aula, de atendimento, *soft skills*...

— Você sente que evoluiu na sua carreira?

— Sim. E de forma mais rápida do que antes.

— O que fez a diferença para você ali, Tim?

— Acho que os projetos de treinamento. Eu gostava daquilo. Eram mais complexos, eu ficava menos tempo em sala e mais tempo construindo ou em treinamento.

Continuamos dando nossos passos em círculos, como dois idosos, relembrando o passado.

— Como você saiu do banco, Tim? E quando?

— Oito anos depois – falo me esticando todo, cheio de satisfação – com alta autoestima. Eu mesmo pedi demissão. Já tinha certeza de que queria trabalhar em RH e no banco eu não ia ter essa oportunidade.

— Você se arrependeu?

— Em alguns momentos, sim, mas quando penso na trajetória toda, não.

— Como foi?

— Em três meses, eu consegui um novo trabalho. Estava com trinta anos.

Suspiro.

"Você com quarenta."

Continuo.

— Eu não queria ficar taxado como bancário, acho que queria provar para mim mesmo que poderia, sim, trabalhar em outras áreas.

— E deu certo?

Olho para ela e provoco.

— Você sabe que sim, não sabe?

Fabi ri.

— Sim..., eu sei tudo sobre você!

## EXERCÍCIO

Considerando o que aprendeu neste capítulo sobre o Mapa de Jornadas, o que você faria se estivesse na primeira etapa da Jornada do Colaborador, levando em consideração os seguintes aspectos:

**a) No processo seletivo, você percebe que o candidato fica perdido, sem saber os próximos passos do processo. Ele liga e manda mensagens com frequência para tirar dúvidas que poderiam ter sido sanadas em algum ponto de contato da jornada desse candidato. O que você faria para minimizar esse ponto de dor e melhorar essa experiência?**

_____

_____

_____

_____

_____

_____

**b) Num processo de desligamento, você percebe que o colaborador é negligenciado. Não sabe o que fazer e não tem o suporte do seu gestor para fazer o que é necessário. Como estruturaria esse processo de desligamento para que a experiência fosse satisfatória para colaborador e empresa?**

_____

_____

_____

_____

_____

_____

# PASSO

3

"QUE O TEU TRABALHO
SEJA PERFEITO PARA QUE,
MESMO DEPOIS DA TUA MORTE,
ELE PERMANEÇA."

LEONARDO DA VINCI

# AS MICROJORNADAS

**A** Jornada do Colaborador é responsável por mapear todo o trajeto de uma pessoa dentro de uma empresa, desde antes do processo seletivo, quando a empresa posiciona sua marca como um "bom lugar para trabalhar", até o momento em que as pessoas se interessam em participar do processo seletivo de fato, passando pela contratação (se aprovado) e pelo *onboarding*, até que, já a bordo, começa a trabalhar. No decorrer da sua trajetória, o colaborador passa por inúmeros aprendizados que lhe permitem desenvolver diversas competências. Competências essas que podem proporcionar crescimento e movimentos na carreira, novos desafios. E isso se torna cíclico até que, em algum momento, essa relação se desfaz e chega a hora de dizer adeus. Passando nesse momento pelo *offboarding* e, se o saldo da experiência de trabalho foi positivo até aqui, provavelmente teremos um embaixador da marca. Ter clareza, a partir do seu próprio ponto de vista, de cada etapa da jornada, pela qual as pessoas vão passar dentro da empresa é muito vantajoso e importante, porque nos permite acompanhar e monitorar como está sendo essa experiência, de modo a melhorá-la continuamente. Esse processo permite que identifiquemos os principais pontos de contato e, desses, quais são os pontos de dor que impactam negativamente na experiência e levam por

muitas vezes o eNPS (*employee net promoter score*: principal indicador para medir a experiência do colaborador) para baixo. Por isso é importante manter essas percepções registradas num local seguro (seja ele mais simples como um Excel ou até mais moderno como um *software* de pesquisa ou plataforma digital), para que possamos gerar dados, analisá-los e utilizá-los como uma fonte de soluções.

Dentro dessa jornada, muitas microjornadas acontecem. Por exemplo, no processo seletivo, tem a candidatura à vaga, as entrevistas, os testes, a carta proposta. Na contratação, temos o exame médico, a entrega de documentos, a assinatura do contrato. Após o *onboarding* então, as microjornadas se multiplicam. Elas vão acontecer em torno da rotina de trabalho dos colaboradores, fazendo com que cada interação que eles precisem ter com alguma outra área, pessoa ou processo interno se transforme em uma microjornada.

Muitas são as possibilidades de microjornadas dentro das empresas, mas a boa notícia para você é que todas elas podem ser mapeadas e, a partir daí, servir de insumos que vão gerar novos dados e *insights* para melhorar a experiência.

Conhecer as microjornadas permite à empresa se aprofundar no detalhe do processo, que características possui e como ele impacta na rotina dos colaboradores. Um processo desenhado apenas com o viés organizacional pode impactar no desempenho e atrapalhar a produtividade das pessoas, que consequentemente impacta nos resultados. As microjornadas atuam no detalhe, medindo cada curva, cada transformação e como cada mudança de trajeto afetou o indivíduo, seus líderes e o entorno.

Todos ganham com a melhoria da experiência. É um Ciclo Virtuoso.

___

Eu e Fabi estamos no parque perto da sua antiga casa.

Eu sinto uma paz indescritível por estar aqui e suspiro, falando alto.

— Como é bom estar de novo com você, Fabi.

— Sentiu minha falta, irmãozinho?

Eu nem respondo. Levanto-me, arranco os sapatos e as meias e começo a dar algumas voltas sobre a grama.

Fabi solta uma risada gostosa e faz o mesmo. Agora, ela caminha ao meu lado.

— E então, Tim, você estava me contando que saiu do banco para trabalhar em RH. Aonde você foi?

Suspiro, antes de responder.

— Eu fui para uma grande empresa atacadista, que tinha grandes planos de crescimento e expansão. – Tipo aqueles que vendem mais barato que o mercado?

"Está bem informada a moça."

— Estou sim! Mas me conta como foi? Você gostou?

Eu volto a caminhar e respondo olhando para baixo. Caminho tranquilamente, falando e observando o movimento dos meus pés.

"Isso é tão bom."

— Eu estava com 31 anos quando comecei nesse atacadista. Foi um choque de realidade para mim, a estrutura dessa empresa era totalmente diferente da do banco.

— Como assim?

— Eles tinham pouco ou nenhum orçamento para trabalhar. Tive que fazer praticamente tudo com minhas próprias mãos.

— Mas o seu salário era bom?

Eu rio alto.

— Pior que não, além de ser inferior, a PLR (Participação nos Lucros e Resultados) também era menor do que no banco. Eu senti o drama assim que pisei lá dentro.

— Sério?

Fabi se senta na grama, encostada ao muro e continua me fazendo perguntas.

— Mas o lugar era bonito pelo menos?

Eu me sento perto dela e respondo, rindo.

— A sede era em cima de uma loja, parecia um puxadinho.

— Mas, Tim? O que você foi fazer nessa empresa?

Coloco a mão na testa e penso um instante.

— Porque a proposta que recebi me permitia construir do zero projetos de treinamento e desenvolvimento no RH, era tudo o que eu queria, já que no banco estava tudo pronto.

— Então você sabia que não tinha nada?

— Não, mais ou menos. Eu entendi que teria a minha oportunidade dos sonhos, mas não tinha noção do trabalho que daria.

Fabi coloca a mão no meu joelho.

— Como você era bobo, Tim.

— Era?

— Espero que sim, que não seja mais.

— Hum.

Vejo uma borboleta laranja pousar na perna da Fabi e fico admirando suas asas batendo, ainda no mesmo lugar. Ela estica a mão e, como num passe de mágica, a borboleta vai para a mão dela.

"Que lindo, como se faz isso?"

Fabi levanta a mão para cima, como se criasse um impulso para ela voar. E ela voa.

Eu retomo o assunto.

— Depois de um tempo, eu percebi que foi uma boa escolha, apesar de tudo.

— Por quê?

— Devido ao fato de eu aprender muito, eu aprendi muito mais lá do que no banco.

— Verdade, Tim?

— Sim.

— Mas teve problemas também, não teve?

— Como assim, Fabi?

"Como ela pode saber?"

— Com o seu orgulho...

— Como você sabe?

— Eu sei tudo sobre você.

Balanço a cabeça e desisto de tentar entender. Apenas confesso.

— Sim. O orgulho me prejudicou muito, eu vinha do banco, achava que sabia tudo, eu reconheço a minha arrogância.

— Que bom! Humildade é importante para se continuar aprendendo.

Nós dois ficamos encostados na parede e suspiramos juntos.

— Mas o mais legal ainda é que a minha chefe sabia que eu tinha umas deficiências, eu não queria mostrar, tentava esconder, mas era muito claro para ela e, ainda assim, ela me aceitou, não desistiu de mim e ainda me ajudou.

— Bom, no fim das contas, como foi trabalhar lá?

Esfrego minhas costas na parede, como se pudesse me auto-massagear assim.

— Fantástico. Eu pude conhecer e trabalhar com o modelo de universidade corporativa, pesquisa de clima, avaliação de desempenho, foi uma fase da minha vida profissional que realmente abriu a minha mente. Eu adorava trabalhar em prol do desenvolvimento e carreira das pessoas.

— Mesmo tendo que fazer praticamente tudo no início.

— Quanto tempo você ficou lá?

— Pouco mais de dois anos e meio.

— E o que você mais gostou de fazer nesse atacadista?

— Tanta coisa. Eu pesquisava muito conteúdo. Implantei uma universidade corporativa com o time. Era um modelo moderno na época, com programas de educação alinhados

à estratégia da organização. A gente contratava consultorias, formava multiplicadores, era um processo muito incrível.

— Tinha muita gente?

— Na época tinha 6 mil funcionários. Hoje mais de 40.

— Uau. Se arrependeu de sair de lá?

Eu abro um largo sorriso.

— Não. Principalmente porque, ao sair de lá, pude me aproximar de uma pessoa especial.

— A Grazie, né?

— Pois é! Ainda não sei como você sabe dessas coisas, mas ainda vou descobrir.

Ela vira o rosto para mim, mas ainda recostado na parede.

— Você parece um cigano, Tim.

— Cigano, nada. Alguém em crescimento, Fabi.

— E foi para onde depois?

— Fui para uma indústria, trabalhar no RH também, mas em uma posição melhor e com um projeto mais desafiador.

Respiro fundo e me levanto. Ofereço a mão para a Fabi.

— Vamos falar de você agora, chega de falar de mim.

Ela se levanta e sai correndo. Eu começo a correr atrás dela, que parece ter sumido atrás de uma árvore.

— Fabi! Cadê você?

___

Nós corremos alguns metros pelo parque.

"Que gostoso!"

Fabi corre para uma gangorra e se senta com as pernas ainda rentes ao chão, como quem me espera para fazer o contrapeso.

Eu me aproximo.

— Você não acha que a gente está meio grandinho para brincar de gangorra?

Ela responde com um sorriso iluminado e os olhos meio cerrados. A luz do sol está sobre seu rosto.

— Não.

Eu não resisto e me sento na gangorra.

Reparo que continuo sem sapatos.

"Que coisa."

Olho para os lados e vejo que ninguém está por perto.

"Menos mal, ninguém vai ficar falando do meu pé. Me ajeito no acento da gangorra levemente enferrujada."

Eu rio.

— Minha bunda não cabe aqui, Fabi.

— Cabe sim.

— Não cabe, Fabi!!!

— Se não couber, está na hora de fazer um regime.

Eu me ajeito e impulsiono o movimento para baixo. Fabi vai com tudo para o alto e solta um grito.

— Ah! Devagar, Tim!

Ela ri e eu caio na gargalhada.

— Não sabe brincar, não desce para o *play*.

Eu impulsiono de novo, sem deixar que ela desça totalmente e ela sente o tranco.

— Tim!

— Oi...

Ela ri.

Faço de novo o movimento, provocando os risos da minha irmã.

— Para, Tim.

— Você quer mesmo que eu pare?

Faço o tranco uma última vez e ela grita.

— Quero.

— Tá bom.

Deixo-a descer e começamos a dar uma volta pelo parque.

— E então, Fabi? Me fala mais de você.

— O que você quer saber?

— Sei lá, você não sente saudades dos nossos pais, por exemplo?

Ela para com a mão na cintura e me olha firme.

— Claro que eu tenho, Tim.

— Você vai ver eles também?

— Claro que vou.

Voltamos a caminhar e ela pergunta.

— Você lembra quando o pai trabalhou para o Macedo?

— Aquele que sempre que fechava um contrato com uma empresa levava o pai junto?

— Esse mesmo. – ela ri.

— Claro que lembro – eu rio – foi ele que pagou o seu...

Eu engulo seco e interrompo imediatamente o que ia dizer.

Fabi me olha e desvia o olhar, como se soubesse o que eu ia dizer.

"Por que falar disso?"

Eu continuo o assunto do antigo patrão do meu pai.

— Num desses contratos, o pai começou a ganhar mais, eles eram generosos um com o outro. O pai até trocou fralda dele, antes de morrer.

— Foi uma amizade muito bonita entre eles, Tim.

— Como a nossa, Fabi.

— É.

Eu respiro profundamente sentindo essas palavras no meu coração.

"A Fabi está comigo..."

— Vamos para outro lugar?

— Aonde você quer ir, Tim?

— Não sei, que tal a nossa antiga escola?

— Nossa escola?

— É.

Rimos e saímos correndo, um empurrando o outro.

— Eu vou chegar primeiro.

— Não, eu que vou.

Eu chego correndo no pátio da escola e ouço a respiração ofegante da Fabi, atrás de mim.

"Eu sempre fui mais rápido que ela, não tem jeito."

Eu paro de correr e espero ela me alcançar.

Andamos no pátio e entramos na parte das salas de aula.

"Mas não tem ninguém, que estranho."

Por um lado, acho ótimo, assim ninguém atrapalha a nossa visita.

Entramos em uma das salas, pego um giz e faço um desenho na lousa.

Fabi olha e ri da carinha que eu fiz.

— Esse é o seu melhor desenho, Tim?

— Ah, Fabi, vai me dizer que você consegue fazer melhor?

Ela pega outro giz e desenha o rosto de uma mulher, mil vezes melhor do que a minha carinha em formato de círculo.

— Tá, tá, tá, eu entendi. Tenho que fazer um curso de desenho.

Ela solta uma gargalhada.

— É..., mas para um profissional de RH você desenha até uma carinha bem feliz.

Jogo o giz de cera na direção dela e ela faz o mesmo.

Pegamos outro giz e começamos o que parece uma guerrinha de crianças, rimos e depois nos sentamos nas primeiras carteiras à frente da sala, um do lado do outro.

Suspiro.

"Tenho uma sensação tão boa, nem consigo pensar nas inúmeras perguntas que tenho para ela."

Olho para o lado e a vejo sorrindo.

Suspiro, antes de falar.

— No dia que você foi ao médico, você já fez a biópsia e recebeu o resultado no mesmo dia.

Ela me olha quieta.

— Depois, recebeu orientação para voltar ao hospital no mesmo dia, para iniciar sua quimioterapia no mesmo instante.

— Eu sei que você se assustou, Tim.

— Quem não se assustaria, Fabi? Foi tudo muito rápido.

Ela levanta e se senta na mesa do professor, de frente para mim e entrelaça uma mão na outra.

— Eu tinha um nódulo maligno de três centímetros, Tim. Eu tive que correr contra o tempo.

— Eu sei.

Encho o peito de ar lentamente e solto.

"Por que é sempre tão difícil falar disso? Tão dolorido?"

Depois, você passou quase o tratamento todo na sua casa, entre altos e baixos.

Foi difícil para você, né?

— O quê?

— Me ver debilitada.

Sinto meus olhos lacrimejarem.

Olho para ela agora, linda, saudável e feliz.

Suspiro.

— Eu acho que eu quis me blindar, negava a sua doença.

Fabi coloca os ombros sobre a carteira e continua me encarando.

— Era por isso que você não ficava muito tempo comigo, eu entendo.

— E depois da quimio, você melhorou. Teve que fazer uma cirurgia.

— Sim, eu fiz a cirurgia.

— E depois, você pareceu ótima, começou a fazer novos planos.

— Foi.

— Todos ficaram felizes com sua melhora.

Ficamos em silêncio nesse momento. Eu não consigo olhar para ela muito tempo e fixo meus olhos na janela, olho para o céu azul lindo que está lá fora.

Fabi volta a falar.

— Eu sei, foi uma fase muito boa quando tudo isso aconteceu. Eu fiquei curada, não tinha preocupação em colocar uma mama nova, estava feliz. Depois começou o acompanhamento mensal.

— Foi a época em que eu fiquei mais perto de você, depois de o quê...? Quase um ano e três meses de tratamento?

— Pois é. Nós ficamos bem próximos naquela fase, eu fazendo planos, queria comprar uma casa.

— Eu estava no céu, Fabi.

— Acho que todo mundo estava.

Sussurro.

— É.

— Foi na época que eu entrei no banco...

— E o Macedo, patrão do pai, sempre dizia que trabalhar em banco era a melhor coisa, mas era difícil entrar.

Eu rio e ela continua.

— Não para você, Tim.

— Mas só demorou um mês ou dois para você fazer um exame de rotina e descobrir que estava com uma metástase no pulmão.

"Ai, meu Deus, como é difícil falar de tudo isso... por que estou falando sobre essas coisas?"

— Pode falar, Tim.

Olho para ela, sem entender.

"Mas como ela sabe?"

Desisto de entender e decido abrir meu coração.

— Meu mundo caiu, Fabi. Parecia que tudo tinha sido uma piada, tudo muito rápido, só três meses após a cirurgia.

— Eu sei, Tim.

— Você voltou para a quimio e para a radioterapia, e eu tive que voltar a trabalhar.

— É a vida.

"Por que parece algo proibido, para mim, lembrar a sua trajetória?"

— Essa conversa está chata, Tim. Me fala mais da sua Jornada do Colaborador.

"Acho bom mesmo."

Suspiro.

— Vamos mudar de sala antes?

Eu saio correndo.

---

Eu entro correndo em uma sala qualquer e me sento na cadeira.

Coloco as pernas sobre a mesa e vejo que continuo sem sapato.

Fabi entra e já chama a minha atenção.

— Você não tem juízo, Tim? Sentar-se com os pés na mesa.

— Ué, não tem ninguém mesmo.

Ela se senta na cadeira giratória à minha frente e fica girando, sem parar.

Eu não me contenho.

— Parece criança, Fabi.

— E não sou?

— Deve ser.

— Me conta, qual a etapa seguinte da sua jornada?

"Esse é um assunto mais leve, que bom!"

— A terceira etapa são as Microjornadas.

— Microjornadas?

— Sim, é o que traz uma visão mais detalhada dentro de cada Mapa de Jornada.

— Você quer dizer que dentro de cada etapa tem outros passos, é isso?

Ela gira na cadeira mais uma vez, enquanto eu respondo:

— Sim. Onde os passos dos colaboradores são acompanhados de perto.

— Para...?

— Para que seja possível entender cada ponto de contato dos colaboradores com a empresa e medir como foi cada uma dessas experiências.

— Só isso?

Ela gira de novo e eu sinto que se ela não ficar tonta, eu vou ficar.

— Não. Aqui eles ainda olham para cada etapa do Ciclo de Relacionamento de forma macro, mas já aterrissando em um olhar mais processual.

— Me explica melhor, Tim.

Ela gira.

"Socorro!"

— Veja, a Jornada do Colaborador é como uma soma de todas as percepções, sentimentos e sensações que os profissionais têm durante o seu tempo de carreira na empresa.

— Sei.

"Pare de girar, pelo amor de Deus!"

— Considerando a trajetória de cada profissional, somada à cultura da empresa, ambiente físico e clima organizacional, eles podem ter experiências boas ou ruins.

— Sim, isso é fato.

— Durante o tempo dessas pessoas na empresa, muitas coisas podem acontecer e a boa notícia é que a experiência que se tem com todas elas pode ser registrada.

— O que define a qualidade da jornada?

Fabi gira mais uma vez e dá um risinho de canto.

"Parece que ela sabe que está me deixando tonto!"

— Você é tonto, Tim!

— Oi???

Fabi ri.

— Responde, Tim, eu paro de girar!

"Mas como ela sabe?..."

— O que define a qualidade da jornada, Tim? – ela pergunta de novo.

— Boa pergunta, mas tudo depende de qual microjornada estamos avaliando. Se for uma microjornada que está mapeando os possíveis movimentos de carreira, por exemplo, pontos como oportunidades de crescimento, movimentações laterais, promoções e até participação em grandes projetos podem ser considerados fatores de qualidade se forem positivos.

— E o que você registra?

— Veja, dentre as várias fases, podemos citar o Processo Seletivo, a Contratação, o *Onboarding*, a Carreira, o Desenvolvimento, o Crescimento, o Reconhecimento, o *Offboarding* e o *Alumni*, certo?

— Hu-hu.

— Só que dentro de cada uma dessas etapas ocorrem outras etapas menores, é como se eu pegasse uma etapa maior e a dividisse em muitas etapas menores. É uma maneira de focar no detalhe e entender com profundidade o que se passa naquele ponto de contato e como é a experiência.

Ela balança a cabeça, concordando.

— É. Muita coisa acontece na jornada de um profissional dentro de uma empresa.

— E a maioria das empresas ainda enxerga os funcionários como um número, uma mão de obra que precisa gerar valor para o acionista apenas. Fabi ri.

— Eu sei de casos assim, Tim, infelizmente são muitos.

— Pois é. A Jornada do Colaborador equilibra a balança, permitindo que as pessoas se sintam melhores trabalhando ali, performem melhor e queiram permanecer lá por mais tempo.

— A microjornada também?

— Principalmente a microjornada, pois ela permite que você enxergue o detalhe. Detalhe esse que pode fazer toda a diferença na experiência.

— Parabéns, Tim!

Ouço suas palavras com surpresa.

— Por que, Fabi?

— Porque você encontrou o seu propósito de vida em melhorar a qualidade de vida das pessoas nas empresas.

"Encontrei?"

Eu suspiro.

"Isso faz tanto sentido para mim."

— Obrigado, Fabi.

— Por quê?

— Por me fazer perceber isso.

— Ah, Tim..., eu amo você.

Ela ri e sai correndo.

Eu grito.

— Para onde nós vamos agora?

— Me segue!

Eu corro, sem pensar.

## EXERCÍCIO

Considerando as microjornadas, como você registraria os passos de um colaborador que passou pela seguinte situação?

É o momento da avaliação de desempenho anual e o colaborador vai preencher o formulário de autoavaliação. Para isso, ele precisa acessar a plataforma com seu *login* e senha, clicar no botão "avaliação de desempenho"; em seguida, acessar o formulário de autoavaliação e preenchê-lo. Ao término do preenchimento, ele clica no botão "finalizar e enviar" para que seu gestor receba e preencha a parte dele. Podemos dizer que esse processo que acabo de descrever é uma microjornada. O colaborador teve alguns pontos de contato com um processo da empresa para executar uma tarefa que lhe foi designada.

**a) Se você fosse responsável por mapear essa microjornada, quantos pontos de contato ela teria?**

_____
_____
_____
_____
_____
_____

**b) Quais seriam esses pontos de contato?**

_____
_____
_____
_____
_____
_____

**c)** Você considera que essa microjornada, pela qual esse colaborador passou, foi estruturada partindo do ponto de vista do colaborador? Por quê?

_____

_____

_____

_____

_____

_____

# PASSO

"TRATE TODOS COM
DIGNIDADE HUMANA.
NÃO É UMA TAREFA FÁCIL,
MAS ESTE É O
TRABALHO ESPIRITUAL."

RAV BERG

## PASSO 4
# A COLETA DE DADOS

No mundo complexo e frio que se tornou o mundo corporativo, onde a maioria das empresas trata os colaboradores como números, a ponto de excluí-los de suas decisões e pensamentos diários, como seguir na contramão dessa onda pouco consciente de tratamento ao ser humano?

A Jornada do Colaborador é justamente um convite para sair dessa onda que costuma diminuir a autoestima dos colaboradores. A ação de coletar os sentimentos e as sensações dos colaboradores ao longo de sua jornada é o mesmo caminho que permite que eles se sintam incluídos, tanto nos processos quanto nas melhorias, no dia a dia e nos momentos importantes de decisão da empresa.

E as pesquisas são uma boa forma de coletar essas informações e transformá-las em dados que acabam refletindo como eles estão se sentindo dentro da empresa por meio de um Mapa de Empatia que, por fim, gera uma determinada *persona*.

A partir da *persona*, temos uma visão mais empática de: quais são os problemas que eles enxergam em seus departamentos e suas rotinas de trabalho? Quais são as oportunidades de melhoria que eles são capazes de criar a partir de seu próprio ponto de vista? Quais são as lideranças que têm o melhor resultado entre alto desempenho e gestão humanizada?

Muitas são as questões que podem ser respondidas nessa coleta, a qual não se faz uma única vez, mas de forma contínua, em todas as etapas da jornada. Cada etapa de um determinado tipo de pesquisa, pois é levado em consideração o momento em que o colaborador está, considerando a sua jornada. Se ele acabou de chegar, as perguntas vão endereçar os pontos de contato que o novo colaborador teve até ali com o processo seletivo, admissão, integração, dentre outros. Ou se ele está pensando em sair da empresa, precisar conhecer os pontos de dor de jornadas passadas que o levaram a sair, além do próprio processo de desligamento. Como você pode perceber, as perguntas se tornam outras.

Existem muitas maneiras de se coletar dados nas jornadas, mas destaco um método eficiente e consolidado de pesquisa de satisfação com escala Likert que nos fornece dados quantitativos. Essa pesquisa também pode ter campos abertos que vão nos fornecer dados qualitativos complementando os insumos que receberemos. A primeira é um resultado de pontuação, que vai gerar uma espécie de nota, dependendo do método escolhido que mede a satisfação ou insatisfação em relação a algo, como a escala Likert (criada em 1932 pelo psicólogo norte-americano Rensis Likert, a Escala Likert é uma escala de resposta psicométrica utilizada, na maioria das vezes, em pesquisas de opinião de clientes), por exemplo. Já a qualitativa permite que o colaborador escreva ou fale abertamente o que pensa a respeito de um assunto ou simplesmente faça comentários, com toda a liberdade possível. A seguir, veja um exemplo de pesquisa usando a escala Likert.

**Recebi todas as ferramentas de trabalho para começar a trabalhar.**

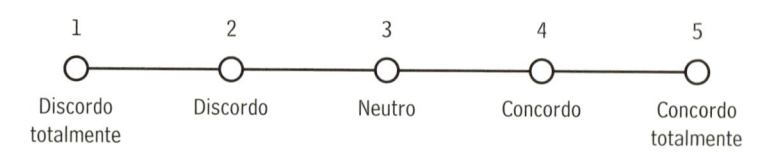

**Tive acesso ao e-mail e demais softwares necessários para exercer minha função.**

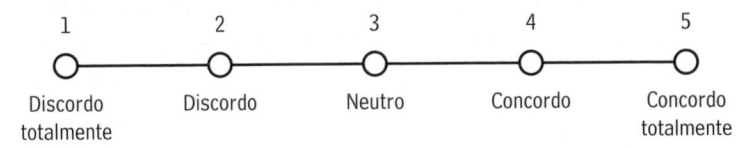

| 1 | 2 | 3 | 4 | 5 |
|---|---|---|---|---|
| Discordo totalmente | Discordo | Neutro | Concordo | Concordo totalmente |

Além da escala Likert, existe outro método de pesquisa essencial para medir a experiência. Trata-se do eNPS ou *employee Net Promoter Score*. O eNPS nasce de uma adaptação do NPS (*Net Promoter Score*) desenvolvido pelo consultor Fred Reichheld, em 2003. Em linhas gerais, o NPS mede em uma escala de 0 a 10 o quanto uma pessoa recomenda um produto ou serviço. De acordo com o método, essa escala é dividida em 3 partes:

O NPS pode ter uma variação de −100 até +100, sendo que:

- Zona de Excelência – NPS entre 76 e 100;
- Zona de Qualidade – NPS entre 51 e 75;
- Zona de Aperfeiçoamento – NPS entre 1 e 50;
- Zona Crítica – NPS entre 100 e 0.

E para se chegar a esse resultado, é necessário usar a seguinte fórmula:

## % DE PROMOTORES – % DE DETRATORES = % NPS

Essa mesma lógica se aplica quando se quer medir a experiência dos colaboradores com os "produtos e serviços" que a empresa oferece para que eles executem seu trabalho. São itens que giram em torno de tecnologia, cultura e ambiente de trabalho. O eNPS é o indicador principal para se medir experiência. Ele vai nortear

seu trabalho e servir de termômetro, indicando de forma contínua como está a temperatura em cada parte da jornada.

Pode-se dizer que o eNPS se divide em dois: o transacional e o relacional. O transacional é recomendado para medir a experiência dos colaboradores com um momento específico da jornada, como no *onboarding*, por exemplo. A pergunta do eNPS transacional seria assim:

**De 0 a 10, o quanto você recomendaria o *onboarding* da empresa XPTO a um parente ou amigo?**

Essa aferição serve para nos mostrar com mais precisão onde pode ter mais pontos de dor nas muitas etapas da jornada. Possibilitando que você atue com mais assertividade. Já o eNPS relacional serve para medir como está a relação entre empresa e colaborador. É uma visão macro e complementar ao eNPS transacional. Uma pergunta de eNPS Relacional seria mais ou menos assim:

**De 0 a 10, o quanto você recomendaria a empresa XPTO como um bom lugar para trabalhar?**

Um modelo funcional de pesquisa é misturar os métodos para medir a experiência em cada etapa da jornada. Assim você mantém o termômetro ativo e consegue dados complementares que permitirão que se aprofunde e entenda exatamente o que está levando o seu eNPS para baixo.

Para cada momento e situação, sempre existirá uma possibilidade de uma pesquisa bem-feita, direcionada a um tema específico, utilizando-se de dados quantitativos e qualitativos, podendo ser um ou outro, ou ambos.

Inserir esse tipo de pesquisa na Jornada do Colaborador, do início ao fim, faz com que ele saiba durante todo o tempo o quanto suas opiniões são relevantes. Mas tão importante quanto coletar suas opi-

niões é fazer alguma coisa com elas. Propor e gerar melhorias para os pontos de dor mapeados vai validar o tempo e o esforço feito pelos colaboradores em dar suas opiniões sobre o assunto. Fazê-los sentir que são parte daquela construção e estão sendo ouvidos vai engajá-los a continuar. Cada levantamento de dados, independentemente da etapa em que o colaborador esteja, é importante para ele e para a empresa; quando ele é consultado, fica confirmado o quanto é importante, independentemente de seu momento ou função.

Já para a empresa, isso se faz essencial, pois todas as percepções criam uma cultura organizacional forte, melhoram o desenvolvimento individual e em grupo, o que torna a força de trabalho positiva.

Como os colaboradores atuais se sentem, é também o início da jornada de futuros colaboradores. Se eles estão satisfeitos e se sentem inseridos, são eles mesmos os responsáveis por propagar do lado de fora o quanto é bom estar inserido na empresa, fazer parte dela.

Mais uma vez, é uma etapa onde todos ganham.

— — — — — — — — — — — —

Fabi entra correndo na igreja, eu chego logo atrás dela e paro.

Falo baixo.

— Silêncio, Fabi.

Ela para de correr e olha para trás, me encarando.

Eu respiro fundo e diminuo o ritmo, começo a dar passos leves, olhando toda a igreja, cada painel de vidro, azulejo, pinturas no teto e na parede, além dos vários santos em seus altares.

Olho para a minha irmã, ela segue para o lado esquerdo, enquanto eu sigo para o lado direito.

"A igreja parece vazia."

Toco a parede, como se pudesse sentir a textura da tinta e seu cheiro.

Sinto-me emocionado em estar aqui.

De repente, vejo uma mulher atravessar o púlpito, mas logo ela some.

"Deve estar levando algo para o padre."

Eu me aproximo de um dos bancos e me sento. Fico apreciando o lugar e a paz que estou sentindo. Procuro a Fabi com os olhos e fico observando-a rezar em voz baixa perto de uma estátua da Ave-Maria.

Suspiro.

"Toda a família já foi católica um dia."

Encosto a cabeça no banco e fico olhando para o teto. Há uma pintura bonita nele, eu fico admirando os detalhes das cores e tento compreender seus significados.

Sinto uma mão tocando meu ombro.

— Tim?

— Oi, Fabi?

— Você lembra quando a gente vinha aqui ainda criança?

Eu rio baixo.

— Claro que lembro, você não dava sossego.

Ela se senta ao meu lado.

— Eu estava com saudades desse lugar.

Pego na mão dela e ficamos os dois com as cabeças encostadas no banco olhando para o teto.

"Que paz, meu Deus. Obrigado, Senhor!"

— Tim?

— Quê?

— Como foi depois que você saiu daquela empresa atacadista?

"Ela quer mesmo saber dessa história."

— Eu te disse que fui para uma indústria, não?

— Hu-hu. E como foi?

Olho para ela.

— Eu fui chamado pelo LinkedIn, você acredita?

— Acredito..., hoje é tudo pela Internet, irmãozinho.

Ela passa a mão suavemente sobre a minha.

— O que essa indústria fazia?

— Bens de consumo: papel higiênico, papel de cozinha, essas coisas.

— Hum. E o que você foi fazer lá?

— Fui implantar produtos de RH, desenvolvimento humano, treinamento, tudo o que já havia aprendido até então. E eu respondia para um gerente executivo.

Desencosto a cabeça do banco e cruzo as pernas, como se me sentisse na empresa nesse momento. A Fabi faz o mesmo e questiona:

— E a indústria era grande, consolidada? Ou estava no início igual ao atacadista?

Agora cruzo os braços e respondo:

— Ah, eles estavam se reposicionando no mercado, tinham redesenhado a missão, visão e valores da empresa e eu tive que fazer o desdobramento de produtos de RH, para que convergissem de acordo com os novos valores da empresa.

— E que valores eram esses? Ou o que você fez?

Viro o corpo um pouco mais de frente para ela.

— Eu trabalhei a comunicação, treinamento, fazendo com que os colaboradores entendessem esses novos valores. Viramos um *case* e ganhamos um prêmio por isso, sabia?

— Parabéns, Tim!

Eu me desencosto do banco e fico em pé, puxando a Fabi para caminhar comigo.

Ela levanta e aceita meu convite, sorrindo.

--- --- --- --- --- --- --- --- --- --- --- ---

Caminhamos do lado de fora da igreja. E continuamos a conversar.

— Você gostou de trabalhar nessa indústria?

— Eu gostava de trabalhar lá, sim, mais do que no atacadista.

— Por quê?

Fabi dá um pulo, desviando de uma pedra.

"Parece criança!"

— Ah, você sabe, Fabi, eu só saí do banco porque queria outra área, mas eu gostava do banco.

Ela bate o cotovelo no meu braço e dá um risinho de canto.

— Mas você não gostava do sistema de recompensa do banco, que eu sei.

"Mas como ela sabe?"

Ela ri.

— É, o sistema de recompensa lá era muito arcaico. Demoraria muito para ter um bom salário.

— Apesar de o clima ser muito bom. – ela complementa.

Eu nem tento mais entender como ela sabe de tudo da minha vida.

Minha irmã continua me entrevistando.

— E a indústria? Tinha um clima bom?

"Mas não era eu o entrevistador?"

Deixo para lá e respondo:

— Muito bom, era um ambiente familiar, a gente tinha acesso aos donos. Era bem legal. E eu tinha um pouco mais de orçamento para trabalhar do que no atacadista.

Agora estamos praticamente atrás da igreja. Fabi se senta num banco de cimento, daqueles grudados no chão. Eu fico em pé, na frente dela.

— E a próxima etapa, Tim?

— Você quer mesmo saber?

— Claro, já estamos indo para o quarto passo, eu quero entender todos eles.

Cruzo os braços e fico pensando um pouco, antes de indagar:

— Para quê? Para se dar bem na empresa?

— Para entender por que você se sente tão feliz com isso.

Eu dou um sorriso de orelha a orelha.

"Gosto de falar disso, eu sei."

Respiro fundo, olhando para ela.

"E gosto de estar com ela. Deus do céu!"

— Tá bom, Fabi, eu vou te dizer.

— Quer voltar a caminhar?

Ela dá um pulo, já me convidando a seguir seus passos.

Eu bem o faço. E vou falando:

— Então, Fabi. Se o Ciclo de Relacionamento do Colaborador é a etapa mais importante, a Coleta de Dados é o que faz esse ciclo funcionar.

Ela balança a cabeça.

— É, sem dados, você não tem material para trabalhar.

— Exatamente. É preciso buscar dentro da organização o máximo possível de informações dos colaboradores.

— Como o quê, Tim? Que tipo de roupa eles usam?

— Engraçadinha.

Rimos e eu dou sequência à minha explicação.

— Não. Como dados demográficos, hábitos da rotina de trabalho, pesquisas e de qualquer outro meio, que se possa avaliar como importante.

— E o que mais, Tim?

Ela dá outro pulo, para desviar agora de um formigueiro.

Eu prossigo:

— Depois disso, tem que definir quais são os meios de Coleta de Dados para mapear os perfis, as *personas*, os colaboradores e medir a experiência deles. Isso é fundamental para um trabalho bem-feito.

— Imagino que eles gostem disso, não?

— Muito, porque serão os dados que vão permitir se executar o trabalho, e isso gera empatia e dá voz aos colaboradores.

— Você fica tão entusiasmado falando do seu trabalho.

"Verdade. Percebo que meu tom de voz ficou bem mais alto."

Eu respondo, rindo ao mesmo tempo.

— Ainda bem que estamos do lado de fora da igreja.

— É, eu não acho que o padre esteja muito interessado nessa jornada.

— Ou poderia ficar, para melhorar a vida dos coroinhas e das beatas.

Ela dá uma gargalhada.

— Continue, Tim. O que você percebeu de importante nessa etapa?

— Percebi que esses são pontos importantes, pois neles que muitos erram.

— Como assim?

— As pessoas têm que usar os dados para redesenhar as microjornadas dos colaboradores pelo ponto de vista deles.

— Hum.

— Esse é o ponto de inflexão do trabalho com a experiência do colaborador.

Eu estico meus braços para cima, para alongá-los um pouco. Depois, estralo o pescoço para os lados, fazendo barulho.

Fabi continua me fazendo perguntas.

— Como assim, Tim? Me explica melhor, não sei se estou entendendo direito.

— Tá. Pensa assim.

— Hum.

Bato o cotovelo no braço dela, para rebater o cutucão de antes.

— Não vamos nos perder, hein. Vamos lá! Nós temos o Ciclo de Relacionamento do Colaborador definido, depois o Mapa de Jornadas desenhado, as microjornadas divididas e, agora, precisamos da disciplina e das ferramentas que acompanhem esse processo para desenhar melhores experiências, a partir do ponto de vista do colaborador.

— Tá, mas como se faz isso?

— Certo, por onde começar? Precisamos dar voz ao colaborador e, para isso, precisamos fazer algumas pesquisas.

— Que tipo de pesquisa, Tim?

— Existem vários tipos de pesquisas. As que recomendo são duas: de satisfação, usando a escala de Likert e eNPS Relacional (*employee Net Promoter Score*. Adaptação de uma métrica desenvolvida para medir os níveis de lealdade do cliente, criada em 2003 pelo consultor da Bain & Company, Fred Reichheld, em colaboração com a Satmetrix).

— E a outra?

— É a qualitativa: perguntas abertas e comentários.

— Parece bom.

Nesse momento, duas beatas cruzam o nosso caminho e nos olham em silêncio. Elas seguem para a parte da frente da igreja.

Eu volto a falar para a Fabi.

— Sim. A pesquisa de satisfação consiste no colaborador dar uma nota de um a cinco a uma afirmação, por exemplo, se estou lendo um livro, posso perguntar se todas as minhas dúvidas foram sanadas com a leitura, dando essas possibilidades.

— Satisfação?

— Isso. A pesquisa de satisfação, usando a escala Likert, permite que se avalie itens específicos de uma jornada e possa atuar de forma exclusiva em um ponto de dor.

— É, isso parece mesmo dar voz ao colaborador.

— Já a pesquisa de eNPS consiste no colaborador dar uma nota de zero a dez e essa nota reflete o quanto ele recomenda aquela empresa como um bom lugar para se trabalhar.

— Mas também tem perguntas abertas?

— Sim. E as perguntas abertas permitem que se aprofunde nos pontos bem e mal avaliados nas pesquisas quantitativas. São um bom instrumento para gerar hipóteses a serem validadas.

— Chique.

Eu rio.

— Não se trata de ser chique, Fabi, é uma ferramenta.

— Eu sei, Tim, estou brincando com você. Continua, vai.

— Tá. As duas metodologias de pesquisa podem estar juntas e devem ser enviadas em cada momento da jornada. É importante dizer que você pode escolher por qual(is) etapa(s) da jornada vai começar a pesquisar. Você não precisa fazer tudo de uma vez.

— Imagino, senão pode mais atrapalhar do que ajudar, certo?

Concordo com a cabeça e continuo.

— Você pode começar escolhendo as etapas que são mais relevantes para o colaborador e para a empresa, que possam trazer boa visibilidade de resultados.

— Isso é bom?

— Isso ajuda a alavancar o modelo de Jornada do Colaborador. As perguntas a serem respondidas podem ser definidas de acordo com o que se quer saber em cada etapa de uma jornada.

— E depois disso, Tim?

"Acho que estou ficando cansado de caminhar."

Desvio o pensamento e volto para a conversa.

— Bom. Os dados das pesquisas são os insumos de que se vai precisar para colocar o modelo de pé.

— Você trabalha em cima dos pontos positivos e negativos?

— Mais ou menos isso. Nos resultados apareceram os pontos fortes e os pontos fracos da jornada escolhida, também chamados de pontos de dor.

— Hum.

— Daí, com os dados coletados e analisados, chegamos mais perto das causas principais daqueles pontos de dor. Abrindo caminho para trabalharmos nas melhorias. Esse racional que utilizo é de outra ferramenta chamada Duplo Diamante, muito utilizada no *Design Thinking*.

— Eu gosto do *Design Thinking*.

— Você conhece?

— Será que alguém do mundo corporativo não conhece?

Espremo os lábios um no outro.

— Pior que tem, Fabi. Mas ok. Na primeira fase do processo, precisamos saber para onde ir. O objetivo é descobrir, de maneira investigativa, quais são os problemas existentes. Por isso a pesquisa é essencial, ela ajuda na compreensão do problema, nas necessidades do usuário, no entendimento dos objetivos e nas oportunidades.

— Eu imagino o quanto os colaboradores gostam de participar de tudo isso, eles devem se sentir importantes.

Aponto numa direção, para seguirmos por outro caminho. Minha irmã me segue. Eu volto à minha fala.

— Claro, porque são inseridos, suas opiniões são levadas não apenas em consideração, mas são levadas a sério.

— É.

Suspiro.

— E como essa é uma fase de descoberta, é um momento de discussão de ideias, então, além da pesquisa, é necessário que as informações sejam divulgadas e discutidas entre os membros do time.

— Que legal, eles podem ver o resultado do todo.

— Isso mesmo.

— E esse é o final dessa etapa?

— Sim. É a hora de convergir sobre os *insights* das descobertas anteriores. São feitas filtragens e começa a existir um consenso sobre as definições dos problemas específicos e das oportunidades mal aproveitadas.

— Uau!

— Gostou?

— Gostei, acho que entendo, porque você fica tão empolgado falando de tudo isso.

— Diga.

Nós nos aproximamos de um banco e sinalizo para nos sentarmos. Eu me sento primeiro. Fabi fica em pé na minha frente e fala:

— É porque no mundo corporativo não é comum os colaboradores serem ouvidos, só os que estão no topo da hierarquia.

— Pois é, por isso essa jornada é fantástica. Todo mundo passa a ser incluído, ouvido, reconhecido. E esse banco de dados gerado é fonte de informação para toda a empresa, como uma fonte de soluções.

— Parabéns, Tim.

— Por quê?

— Pelo seu trabalho, pela sua empolgação.

— Obrigado.

Ela me olha fundo nos olhos.

— Pelo seu propósito.

Eu respiro fundo, sentindo suas palavras entrarem em mim.

Ela não se senta e eu mudo de ideia.

— Vamos voltar para a igreja? – convido.

— Vamos.

Dessa vez não vamos correndo.

"A paz desse lugar nos faz caminhar lentamente e em silêncio. É muito bom!"

— — — — — — — — — — — — — — —

Entramos no lugar sagrado lentamente. Caminhamos um tempo lado a lado e depois nos separamos, outra vez. Agora, eu vou para o lado esquerdo e Fabi para o lado direito.

Eu me aproximo de um banco, daqueles de madeira e fico de joelhos no chão.

"Quero muito agradecer por esse momento."

Suspiro, tentando mover os joelhos, sem me machucar.

Eu rezo o Pai-Nosso baixinho.

No final, eu agradeço.

— Obrigado por eu estar com ela, meu Deus. Obrigado.

Abro os olhos e volto a me sentar. Fico olhando para o chão um instante e depois sinto a Fabi se aproximar.

Ela se ajeita ao meu lado.

— Estava agradecendo por mim, irmãozinho?

— Como você sabe?

Ela apenas ri.

Sinto os meus olhos lacrimejarem.

"Acho que é a paz desse lugar."

Suspiro, olhando seu rosto.

"A minha irmã, meu Deus, ela está aqui!"

Toco sua mão.

— Você sabe o quanto eu não suportei a sua recaída, não é Fabi?

Ela abaixa a cabeça um momento e apenas volta a me encarar, calada.

Eu continuo, como num desabafo.

— Você mesclava os tratamentos, mas foi tudo tão rápido. No mês seguinte, mais exames, mais metástases.

— Eu sei, Tim. Eu sinto muito.

Lágrimas correm em meu rosto e eu falo alto, pela primeira vez, dentro da igreja.

— Eu sinto muito, Fabi! Eu sinto muito!

— Calma, Tim!

Eu me remexo todo no banco, me sentindo incomodado com minhas próprias palavras.

"Palavras que me sufocaram por não terem sido ditas."

Agora é a hora.

— Primeiro você teve metástase no fígado, Fabi. E depois, no pulmão.

Ela segura minhas mãos, tentando me acalmar.

Eu começo a chorar, num som que sai embargado com a minha própria voz.

— Eu me lembro do dia que eu estava na sua casa e a gente estava no seu quarto. Você já estava com a metástase no pulmão.

Eu soluço.

— Coragem, Tim. Ponha para fora.

Eu continuo, num misto de voz e choro, fungando o nariz.

— Você estava sentada na cama, tão magrinha, eu fiz massagem nas suas costas.

— Eu lembro.

Meu corpo não para quieto, tamanho incômodo falar desse momento.

— Você estava tão frágil, tão delicada, eu tinha medo de machucar você.

— Você nunca me machucou, Tim.

— Mas eu não suportava ver você daquele jeito, Fabi.

— Eu sei.

Ela aperta minhas mãos e vejo uma lágrima correr pelo seu rosto.

— Você então me disse, Fabi, que não aguentava mais aquele sofrimento, me disse que precisava descansar, que não aguentava mais sofrer daquela forma.

Ela assente com um movimento do pescoço, muda.

— Eu lembro que não consegui falar nada, eu só fazia mais carinho nas suas costas, mais do que massagem, de tanto medo que eu tinha de machucar você.

— Você pensou que eu sabia quando a minha hora ia chegar, não foi?

— Foi.

Eu caio de joelhos no chão e choro em seu colo.

Ouço o som do meu choro ecoar por toda a igreja.

— Chora, Tim. Vai te fazer bem.

Eu choro, abafando um pouco a voz em seu colo.

"Onde estava guardada toda essa dor, meu Deus?"

Aos poucos, vou cessando o barulho. De alguma forma, me sinto melhor. Levanto a cabeça, olhando para ela.

— Eu conversei com Deus naquele momento, Fabi.

Ela fica muda. Eu continuo, com a coragem que me cabe.

— Eu pensei...

Não consigo continuar.

— Fala, Tim.

— Eu pensei que se fosse melhor para você...

— Diga, continue.

Eu volto a chorar.

— Que Ele te levasse, Fabi.

Eu choro compulsivamente.

Minha irmã afaga meu cabelo, sem dizer uma palavra.

Eu levanto o rosto e continuo:

— Eu fui trabalhar na semana seguinte, eu estava num final de treinamento para iniciar o trabalho depois.

— Hum.

— Aí você passou mal um dia...

— Hum.

— Você estava na casa dos nossos pais, com oxigênio.

— Eu me lembro bem desse dia.

— Você passou mal, sua saturação caiu...

— Continue, Tim. É importante que você diga. Tire esse peso de você.

Eu coloco as duas mãos tapando meus ouvidos.

— Eu ainda posso ouvir o barulho da ambulância, Fabi. Aquele barulho...

— Fale, Tim.

Sinto meu rosto e colo todo molhado, mas não paro.

— Eles vieram buscar você, te levaram para o hospital. Você foi internada num dia de semana e foi direto para a UTI.

— Foi um dos piores dias da minha vida, Fabi...

Deito-me em seu colo e me sinto absurdamente cansado. Um sono e cansaço intensos invadem meu corpo e minha mente. Eu fico ali, aconchegado em seu colo, como se pudesse dormir. E ela afaga meu cabelo.

# EXERCÍCIO

Considerando a Coleta de Dados, como você faria uma pesquisa sobre uma mudança de direção nos planos da empresa? Imagine que, após dois anos, todos os diretores fossem movidos de setor ou simplesmente substituídos.

Aqui há claramente uma oportunidade de sentir como os colaboradores estão envolvidos nessa mudança, então, ouvi-los parece relevante. Utilizando a escala Likert.

**a) Que afirmações você colocaria na(s) pesquisa(s)?**

_____

_____

_____

_____

_____

_____

_____

_____

_____

_____

_____

_____

**b) Com os dados em mãos, como você os colocaria em um formato visual? Que ferramenta permitiria enxergar essa microjornada e ter clareza de onde estão os pontos de dor?**

_____

_____

_____

_____

# PASSO

"O HOMEM DIGNIFICA
O TRABALHO NA MEDIDA
DE TUA PRÓPRIA DIGNIDADE."

OLIVAR DIAS

# O TRATAMENTO DOS DADOS

Quando se está em uma empresa que entende os ganhos de se implantar um modelo de Jornada do Colaborador, se ganha um diferencial muito grande, gritante. Para ambos os lados, da forma mais positiva possível.

O que os colaboradores dizem é ouvido, suas opiniões são levadas a sério e suas diferentes percepções são valorizadas, ninguém espera que eles sejam todos iguais e concordem com tudo, mas o olhar de cada um é visto como algo que agrega aos demais e ao todo. Eles se tornam importantes.

A médio e longo prazo, conforme o colaborador vai se instalando na empresa e adquirindo experiência, ele percebe a satisfação de estar ali, de fazer parte de um lugar onde ele é ouvido e estimulado a se desenvolver e participar o tempo todo.

Na fase do Tratamento dos Dados, a empresa tem a oportunidade de processar essas informações e entender onde estão os pontos de dor nas microjornadas dos colaboradores. Com isso, se analisa o que é dito e o que é sentido pelos indivíduos sobre as interações deles com a empresa. Esse se torna então o nosso ponto de partida para a elaboração de melhorias na experiência e na jornada.

Os dados levantados servem para identificarmos a *persona*, alimentar as microjornadas, reconhecer os pontos de

contato do colaborador e entender onde ele teve problemas e quais são eles, os famosos pontos de dor. A dificuldade do colaborador não fica ignorada, mas é trabalhada até que se transforme em força, aprendizado e experiência positiva para todos os lados.

Com os pontos de dor reconhecidos, é hora de decidir que item atacar primeiro. Para facilitar o processo de inovação nessa etapa, recomendo utilizar algumas técnicas e ferramentas do *Design Thinking* como método de cocriação. O Duplo Diamante, o Mapa de Empatia e o Mapa de Jornadas serão ferramentas úteis nessa etapa. Convidamos pessoas de diferentes áreas, incluindo o cliente em questão. Isso facilitará o processo de inovação e ajudará a manter o foco na empatia.

Todos participam do processo em prol de sanar uma dor. Ninguém sai desse processo carregando a mesma dificuldade de antes. A dor se torna um aprendizado que gera uma experiência positiva e satisfação. Aprendizado, porque nos ensina o que não deve ser feito e o que pode ser melhorado. E satisfação, porque todos os envolvidos se sentem ouvidos e, posteriormente, reconhecidos por participar das mudanças organizacionais.

Um colaborador satisfeito, que sabe que é levado em consideração constantemente, se torna mais um braço direito na empresa. É um ciclo que não tem fim, porque, melhoria após melhoria, esse processo vai ficando cada vez mais leve e os resultados aperfeiçoam toda a cultura e o ambiente da empresa.

Todos querem entrar.

E ninguém quer sair.

---

Eu estou de olhos fechados, sinto o colo da minha irmã e o banco duro onde ainda estou deitado.

"Mas como pode? Eu dormi assim tão profundamente?"

Abro os olhos e vejo Fabi.

"É ela, meu Deus, ela está mesmo aqui!"

Levanto meu corpo e a abraço.

— Eu dormi, Fabi!

— Eu sei. – ela ri e devolve o abraço.

— Eu não entendo, como eu posso ter dormido profundamente num banco de igreja, duro e frio.

— Você precisava.

"Será? Por quê?"

— Quer dar uma volta?

Ela se levanta e fica de pé com as mãos na cintura, olhando para mim.

Eu me levanto e fico de frente para ela também.

— Onde nós vamos? – ela pergunta.

— Onde você quer ir?

— Pensa, Tim!

Ela me olha de forma provocativa, como se pudesse existir algum lugar para onde devêssemos ir, mas ainda não fomos.

"Que lugar é esse?"

Eu faço a tentativa.

— Para onde nós ainda não fomos, mas deveríamos ir, Fabi?

— Adivinha, Tim!

Balanço a cabeça de um lado para o outro, sem saber o que responder.

"Que lugar é esse?"

— Fecha os olhos!

— Eu não quero fechar os olhos!

— Quer sim!

Ela dá a volta por trás de mim e tapa meus olhos.

Eu rio e fecho.

— Pode abrir!

Fabi tira as mãos e eu sinto o sol batendo em meu rosto.

— Mas... onde estamos?

— Olha, Tim!

Olho ao meu redor e percebo que estamos no quintal da minha casa.

— Mas é a minha casa. O que viemos fazer aqui?

— Conversar!

— Conversar?

— É, não é o que estamos fazendo?

— Hum.

"Ok."

Decido não pensar muito e começo a dar alguns passos na grama.

"Olho meus sapatos e lembro-me que na hora da gangorra senti os pés descalços."

Respiro fundo de olhos fechados, levantando o rosto para o céu e agradeço.

— Hoje é um dia muito especial, meu Deus! Obrigado!

— A sua casa é bonita.

— Como você sabe? É a primeira vez que você vem aqui, não?

— Talvez.

— Talvez?

— É. – ela ri e passa pela minha frente, seguindo para dentro da casa.

Eu simplesmente a sigo.

———————————————

Fabi passa pela sala, tocando alguns objetos, como os porta-retratos e os vasos de plantas.

Eu fico admirando a minha irmã passeando pela primeira vez na minha casa.

"Eu não me lembro de ela ter vindo aqui antes. Será?"

Ela segue na direção do escritório, lentamente.

Eu ando atrás dela e reparo que não tem ninguém.

Suspiro.

"Somos só nós dois, Fabi. Melhor assim!"

Já dentro do meu escritório, minha irmã começa a tocar todos os meus livros.

"O que será que ela quer com eles?"

Eu me sento e começo a virar na cadeira.

Ela ri.

— Agora é você virando criança, Tim?

Eu rio, pois me sinto realmente como um menino.

— Agora é a minha vez, Fabi!

Ela puxa uma cadeira e se senta à minha frente.

— O que aconteceu depois da indústria? Você não ficou lá muito tempo.

Eu giro, encostando a cabeça na cadeira e fico olhando para o teto.

Respondo, relaxado na cadeira.

— Eu fui para uma empresa de telecomunicação.

— Hum, e você gostou?

— Muito.

— Verdade? Por quê?

Paro de olhar para o teto e a fico olhando na direção dos meus livros, com a cabeça desencostada da cadeira, bem atento.

— Nessa empresa, tive uma oportunidade interessante.

— Me conta!

Entrelaço as mãos à frente do meu corpo e começo a relembrar a minha jornada na empresa.

"É... foi nessa empresa que descobri a Jornada do Colaborador como um propósito..."

— Bom, nessa empresa eu implementei um modelo de avaliação de desempenho, como eu também fiz nas anteriores.

— Hum.

Minha irmã me olha séria. Parece mesmo bastante interessada na minha história.

Eu continuo.

— Eu trabalhei num projeto global, já que essa empresa pertence a um grupo mexicano.

Fabi interpela, fazendo graça.

— E você fala espanhol, agora, *hermano*?

Respondo, rindo.

— Até *hablo*, mas não precisa falar espanhol para trabalhar lá.

— Tá bom, vai, conta mais.

Eu estralo o pescoço para os dois lados, antes de prosseguir com a minha narrativa.

— Esse projeto global me colocou em evidência na empresa, porque foi quando eu comecei a trabalhar com experiência do cliente.

— E eu aposto que você amou isso.

Concordo, balançando a cabeça e a cadeira ao mesmo tempo.

"Eu fico tão empolgado com o meu trabalho. Como pode?"

— Nós tivemos que construir um modelo no Brasil, mas as premissas vinham de lá.

— Que incrível, Tim.

— Sim. Todo o treinamento, desenvolvimento e comunicação foram estruturados com o time no Brasil, e isso se desdobrou em todos os níveis hierárquicos.

— Parabéns! Você realmente construiu uma carreira.

Encho o peito de ar, ao ouvir as palavras da minha irmã.

"Se eu já sinto orgulho da minha trajetória, imagina agora, ouvindo que ela aprova tudo o que eu fiz? É incrível!"

— E o que mais, Tim? Fala!

— Eu tive a oportunidade de desenvolver uma certificação pioneira no Brasil em experiência do cliente, criar e organizar cursos mais parrudos...

Ela me interrompe, com sarcasmo.

— Parrudos?

— É... mais complexos, também pude construir ferramentas. Essa certificação ganhou a chancela de uma renomada universidade no Brasil, tornando o modelo reconhecido no mercado.

— Uau. Você cresceu lá dentro, hein, irmãozinho?

Balanço o queixo para baixo.

— Muito...

— Foi lá que você começou a se relacionar com a experiência do cliente?

— Sim. Foi lá que esse universo começou a entrar na minha vida. E foi por meio desse projeto que eu comecei a olhar para "dentro de casa", avaliar as dores que recebia de informações dos colaboradores, sobre como o mesmo conceito, métodos e ferramentas de experiência do cliente poderiam ser úteis para melhorar a experiência do colaborador. Aprendi como tudo isso funcionava, até chegar ao método principal de hoje.

— Você fica com brilho nos olhos quando fala sobre isso.

Giro na cadeira.

"Ela tem razão, eu mudo por dentro, quando falo sobre isso. Me sinto motivado!"

— É verdade, Fabi, é algo que me move.

— Então me fala mais. Em que ponto você começou a se conectar com tudo isso?

— Acho que foi olhando para os dados de pesquisas de desligamento, quando a gente ouve o colaborador para entender por que ele está saindo.

— Hum. E daí?

— Daí a gente ouve relatos como problemas em todas as etapas anteriores da jornada, com dores que podem ter influenciado o colaborador a tomar a decisão de sair da empresa. Muitas vezes são problemas que poderiam ter sido evitados. E se

eles tivessem sido ouvidos antes, as chances de terem saído da empresa seriam menores.

— E o que você fez depois disso?

— Na época, eu levei essa minha percepção para o meu gestor, aí ele felizmente pediu para me aprofundar nesse tema, avaliar as outras etapas da jornada que tinham sido apontadas nas pesquisas. Como estava sozinho, decidi começar pelo *onboarding*. Ali, eu tive a oportunidade de começar a rodar pesquisas, usar novas ferramentas, cruzar informações e descobrir onde estavam os problemas. Foi incrível, porque, a partir desse ponto, eu tinha não apenas os problemas mapeados, mas as possíveis soluções. Porque ali eu sabia onde elas estavam.

Fabi dá um belo sorriso e comenta.

— Parece que foi bem nesse momento o início da sua carreira.

— Eu não sei se o início da carreira, Fabi, porque também aprendi muito antes, mas foi ali, sim, que comecei a amar esse tema, eu fui trilhando um caminho que não existia, sem mapa, bússola, fui desbravando algo que me fez crescer. Mas não sozinho, eu sei que mudei a vida profissional de muita gente com isso.

— E continua mudando.

— Sim. Eu pude dar voz a essas pessoas. E só parei para ouvi-las, isso era tudo que precisava ser feito. E, apesar de ser algo simples, não parecia que as pessoas percebiam isso.

— Ou não estavam dispostas a isso, Tim.

— Não sei, mas eu estava e comecei a usar ferramentas para isso. E foi crescendo. Depois, eu montei um fórum para entender e melhorar o processo, quando um colaborador novo chegava.

— Você parecia tão engajado. Posso ver nos seus olhos.

— Eu sei, eu era mesmo. E ainda sou! – reforço em tom alto.

— Continua, vai.

Giro mais uma vez na cadeira, antes de continuar.

— A pesquisa impactava os grupos novos de pessoas, que entravam em seguida, de forma muito positiva.

— Imagino.

Levanto e pego um livro do Jacob Morgan, mostrando para ela.

— E foi daí que eu descobri esse cara.

Ela fala em voz alta.

— Jacob Morgan.

— Sim...

Passo a mão no livro e fico deslizando-a sobre ele, virando de um lado para o outro, como se pudesse absorver um pouco mais desse conhecimento dessa forma.

— Eu fui pesquisando sobre o trabalho dele e o que ele ensina sobre tudo isso. Foi bem difícil no início.

— Por que difícil?

— O estudo publicado dele estourou no Brasil entre 2018 e 2019, mas era complicado aterrissar naquele conceito no modelo operacional, na prática. Era uma dificuldade unânime.

— Boa na teoria só?

— Mais ou menos. Boa das duas formas, mas complexo para compreender no dia a dia. E esse caminho prático eu fui descobrindo sozinho e adaptando para o meu trabalho aqui no Brasil.

— Como você fez isso, Tim?

— Eu comecei a trazer *insights* do livro para o meu modelo de trabalho. Fui criando e entrando em grupos de trabalho só para falar desse tema, ouvir quem estava na mesma busca e absorver ao máximo tudo o que pudesse.

— Obstinado!

— Bom, eu era especialista de RH e tinha liberdade para fazer isso na empresa, o que favoreceu os dois lados. O meu, da empresa e, por consequência, de todos os profissionais.

— Fantástico! Estou orgulhosa de você!

Meu coração para.

— Está?

— É claro que estou.

Rio feito criança.

Olho para o livro e acrescento.

— Esse livro trouxe indicadores que eu criei mais tarde, que podem ser usados no meu trabalho.

— Você criou um modelo próprio, é isso que você está dizendo?

— Sim. O modelo que fui construindo é baseado no que já existia no mercado, mas fui melhorando, adaptando, testando e isso trouxe melhorias no fluxo de trabalho e para a experiência do colaborador para dentro da empresa como fonte de informação, banco de dados e de soluções.

— Ai, ai, como meu irmão é incrível.

"Orgulho!"

Dou uma risada alta e sigo, empolgado.

— Eu usei ferramentas já existentes também, principalmente de CX (*Customer Experience* ou experiência do cliente) que foi minha principal inspiração, abusei do *Design Thinking* nas etapas de descoberta e criar experiências, mas a premissa é a mesma.

— Sei.

— Hoje eu uso como modelo para descoberta o Duplo Diamante, uma ferramenta do *Design Thinking*, que vem sendo usada recentemente no RH.

— Você faz alguma espécie de exercício para o colaborador, é isso?

— Sim. Eu usei as mesmas ferramentas, mesmos métodos, criando e registrando as experiências do cliente interno, foi um grande *insight*, Fabi.

— Imagino que a empresa gostou do seu projeto.

— Claro, como não enxergar as melhorias, dando voz para o colaborador-cliente?

— Me dá um exemplo prático dos resultados que você alcançou com isso?

— Lógico. Por exemplo, tinha um problema do departamento de TI não entregar o computador no primeiro dia de trabalho para quem começava a trabalhar na empresa. Imagina? A pessoa não tinha como trabalhar.

Ela me olha atentamente e eu prossigo.

— Aí eu fui falar com o departamento, com o gerente da área e de processos. Eu vi que a entrega do equipamento atrasava por questão de processo, mas ninguém colocava o ponto de vista do empregado ali, naquele processo. O processo estava voltado à empresa e focado em ser o melhor possível para o objetivo empresarial. E, apesar de algumas pessoas verem que havia um problema, parecia um erro tentar melhorar o processo, já que não se olhava ou se ouvia o colaborador, não se colocava o colaborador no centro do contexto.

— Uau...

Estralo os dedos das mãos e sigo.

— Por isso era como se tudo o que eu estava aprendendo existisse só na teoria.

— Você teve que desbravar a prática, agora estou entendendo.

— Tudo que é desenhado e criado é registrado e depois colocado sob a óptica do colaborador. E o *Design Thinking* me ajudou a quebrar alguns vieses, porque eu pegava dados que vinham de pesquisa, outros dados que tinham o colaborador envolvido e trazia para o modelo do *Design Thinking*, fazia descobertas utilizando filtros. Com isso, se deu a construção de muitos *insights*.

— Sua construção partia de outro olhar, Tim.

Suspiro.

— É... eu trouxe o olhar do colaborador e não da empresa. O ponto de partida não é do ponto empresarial, mas do colaborador.

— Me fala algo mais da prática, do dia a dia. Como funciona...

— Então. Tem a Coleta de Dados sendo feita o tempo todo, a própria Jornada do Colaborador sendo registrada, quando ele entra ou quando já está dentro da empresa, ou até quando ele sai.

— Tá...

— Os momentos que marcam a Jornada do Colaborador dentro da empresa são avaliados por meio das pesquisas e tudo isso é processado no *Design Thinking* para descobrir novos jeitos de fazer.

— Uau, que necessário, muito pertinente.

Fabi se espreguiça.

"Será que está cansada da minha conversa? Não parece. Vou continuar!"

— O produto do *Design Thinking* é um protótipo ou um MVP (Mínimo Produto Viável) para ser testado pelos colaboradores.

— Esse exemplo é sensacional, Tim, porque em situações assim quantos colaboradores não ficam calados ou são calados por não ter ninguém olhando para isso?

— Pois é. Hoje o time está olhando para a empresa inteira em diferentes etapas da Jornada do Colaborador, e esses detalhes são todos observados, analisados e, por consequência, melhorados.

— Toda vez que a empresa tem um problema, a empresa ouve o funcionário?

— Não é só isso. Todos os momentos marcantes na relação entre o colaborador e a empresa geram uma escuta, garantindo a possibilidade de termos melhorias contínuas.

— O que torna a empresa um lugar dos sonhos para se trabalhar e construir uma carreira. É essa a ideia, certo?

Balanço a cabeça, concordando com ela e acrescento.

— Se vende o desejo de uma marca forte, para que você trabalhe nela até o final da sua carreira ou ainda que, por algum motivo, saia da marca, continua recomendando a empresa para outras pessoas trabalharem, como um local saudável, que gera satisfação e motivação.

— Desde quando você está implementando esse modelo, Tim?

— 2019. Do macro para o micro, desde o Ciclo de Relacionamento do Colaborador, até o Mapa de Jornadas, quebrado em etapas menores, desde antes do profissional sequer pensar em trabalhar em determinada empresa, até depois dele sair.

Eu me levanto da cadeira e alongo os braços para cima.

— Está cansado, Tim?

— Não sei. Por quê?

— Você não vai me contar da próxima etapa desse processo?

— Você não está cansada de ouvir?

— Não, na verdade, estou impressionada com tudo que você aprendeu e criou. Me fala!

— A próxima etapa se chama Tratamento dos Dados.

— Hum, como é essa parte?

— Com os dados em mãos, é hora de tratá-los e entender onde estão os pontos de dor nas microjornadas dos colaboradores.

— Como uma insatisfação?

— Sim, daí deve-se analisar o que é dito pelos colaboradores sobre esses pontos de dor, porque ali será o ponto de partida para se pensar em melhorias na experiência e na jornada.

— Dados para ficarem armazenados?

— Não só armazenados, mas transformados em informações valiosas que servirão para alimentar as microjornadas, reconhecendo os pontos de contato do colaborador com a empresa, entendendo onde ele teve problemas e quais são esses problemas, os pontos de dor.

— Você reconhece os pontos de dor?

— Isso. E com os pontos de dor reconhecidos, é hora de decidir que ponto atacar primeiro.

— Atacar, Tim? É uma guerra? – ela ri.

— É como se fosse sim e, para facilitar o processo de inovação nessa etapa, eu utilizo o *Design Thinking* como método de cocriação. Convido pessoas de diferentes áreas, incluindo o cliente.

— Por quê?

— Porque isso vai facilitar o processo de inovação e ajudará a manter o foco no colaborador, prezando pela empatia.

— E o *Design Thinking* é a sua arma?

Dou um sorriso de canto e respondo ainda sério.

— Sim. Além disso, tem as ferramentas de apoio como o Duplo Diamante, os Mapas de Jornadas e de Empatia, as *personas* e as matrizes de prioridade e GUT, Gravidade Urgência Tendência.

— Agora você falou difícil, Tim.

— É porque você não trabalhou nessa área, não é difícil, são conhecimentos específicos, só isso.

— Você arrasa, irmãozinho...

Fabi se levanta e começa a tocar os livros na estante.

Eu me levanto e fico olhando para ela.

Do nada, ela puxa um livro e fica olhando para mim, com ele na mão. Seu olhar é provocativo, ela não move os olhos nem por um segundo.

Sinto a minha coluna arrepiar, toda a pele do meu corpo arrepia.

Meus olhos se enchem de lágrimas e um turbilhão de sensações invade meu corpo.

Meu abdômen se mexe de uma maneira que nunca senti antes.

— O que é isso? Minha barriga.

Aperto minha barriga, olhando para minha irmã.

— Dói demais, Fabi, o que está acontecendo?

— Você sabe o que está acontecendo, Tim. Você está se lembrando. Olhe para esse livro.

— Eu não quero olhar, Fabi!

Eu vou descendo lentamente até o chão, até ficar de joelhos, apertando a minha barriga e sentindo como se todo o meu intestino estivesse se movendo dentro de mim.

"Como dói, meu Deus. O que é isso?"

— É uma dor visceral, meu irmão.

— Você sabe o que estou sentindo? Você também sente?

Fabi fica de joelhos na minha frente e ainda segura o livro numa altura para que eu o veja.

— Por que você está fazendo isso, Fabi?

— Porque é necessário, Tim.

Eu ponho as mãos na cabeça e fecho os olhos, me entregando às diversas lembranças que chegam com o livro que ela está segurando.

— Eu não quero lembrar, eu não quero, só quero este momento, o agora.

— O agora é isso. Você precisa lembrar.

— Por quê?

Eu mantenho os olhos fechados e as mãos na cabeça, começo a chorar. Caio sobre meu próprio corpo, choro e grito como uma criança.

Fabi me abraça e, de alguma maneira, chorar com ela, me ajuda a chorar algo que parece que preciso pôr para fora.

— Por que, Fabi? Por quê?

— Quando estávamos na gangorra..., por que você não disse o que o Macedo fez para o nosso pai que o fez trocar as fraldas dele depois, antes de morrer? Você acha que eu não sei?

— Não, não, não...

— Precisamos falar sobre isso, Tim.

— Mas por quê? Você está aqui agora, Fabi.

— Mas não vai ser para sempre, não dessa forma.

Eu abro os olhos e vejo seu rosto, ainda embaçado pelas tantas lágrimas em meus olhos. Limpo-os com a mão e fico ali, de joelhos, imóvel, tentando ver sua alma do fundo de seus olhos.

— Fala, Tim. Por favor.

Eu me sento sobre meus pés e, finalmente, me entrego ao que ela está me pedindo.

— Depois que a ambulância foi embora, na mesma noite, um pouco mais tarde, o médico ligou.

Eu começo a chorar de novo.

— Continue.

Eu falo em soluços, misturado a um choro, que sai embargado com a minha voz.

— Ele falou para a mãe que não ia demorar muito para você morrer, que não havia mais o que pudesse ser feito, eles só podiam mudar a medicação para aliviar sua dor.

Aperto minha barriga e solto um grito de dor:

— Aiiiiiii!

Caio no choro novamente.

Fabi coloca as mãos sobre os meus ombros, deixando o livro sobre o chão.

— Coragem, Tim!

Eu olho para ela, com as mãos sobre a barriga e continuo.

— Uma das metástases tinha perfurado o seu pulmão. Você ia ter parada respiratória a qualquer momento. E não ia voltar mais.

Eu a abraço e choro, a aperto, com medo de machucá-la e não entendo como ela pode estar na minha frente. Mas continuo.

— Nós ficamos a noite inteira só esperando a notícia. O pai ficou na sala para dormir. Eu me deito com a mãe na cama, ficamos abraçados, chorando, apenas esperando a ligação.

— Eu sei, Tim.

— A gente não pôde se despedir de você, Fabi.

— Eu sei, meu irmão, eu sei...

— No dia seguinte, eu fui trabalhar, era o último dia de treinamento. O pessoal do RH me chamou, eu fui para a sala deles e então eles me disseram, "sua mãe ligou, sinto muito", ela deu a notícia da sua morte.

Eu caio no choro outra vez.

"Como é difícil dizer isso, meu Deus."

— Continue.

— Na hora, eu não chorei. Eu não consegui fazer nada. Fiquei parado, só liguei para a mãe e chorei com ela no telefone.

Passo os braços nos meus olhos, enxugando o rosto todo com a manga da minha camisa.

Eu me sento no chão. A dor na barriga melhora um pouco, mas não cessa.

Fabi senta-se também, em vez de ficar sobre os joelhos.

"Já que falei até aqui, agora quero dizer tudo!"

— Eu fui para o hospital liberar o seu corpo. Era um fim de tarde. Eu fiquei a noite inteira com a nossa família, todos acabados.

Olho para ela, de novo.

— Vai, Tim, fala!

— Ninguém sabia o que fazer. Era tanta dor. O pior dia da minha vida.

— Eu sinto muito.

Eu grito, levantando-me e ficando em pé, ao mesmo tempo:

— Eu sinto muito, Fabi! Eu sinto muito!

Ela levanta e me abraça, chorando comigo.

É a primeira vez que ela chora, desde que está aqui.

Eu pergunto.

— Você está chorando a sua morte?

Olho para ela, que responde com ternura.

— Não..., estou chorando a sua dor.

Soluço.

— Me fale sobre o que o Macedo fez.

— Por quê?

— É importante.

— Nós não tínhamos muitos recursos, na época. Macedo tinha um terreno num cemitério particular e arcou com todos os custos do velório e do enterro.

— Você quer ir para lá?

— Agora?

Ela acena com a cabeça, em sinal de afirmação.

— Quero!

— Aperte minha mão, Tim.

Eu obedeço.

— Só feche os seus olhos.

Respiro fundo e sinto imediatamente um vento batendo em meu rosto.

## EXERCÍCIO

Considerando o Tratamento dos Dados, como você os utilizaria para gerar informações relevantes para sua descoberta de soluções?

a) Cruzaria esses dados com outros que tenham relação com o assunto.

b) Organizaria sessões de descoberta com pessoas envolvidas naquela jornada.

c) Faria sessões de *brainstorming* para gerar mais *insights* e possíveis soluções.

d) Todas as anteriores.

# PASSO

# 6

"O TRABALHO ENOBRECE
O HOMEM E O FAZ MERECEDOR
DA SUA PRÓPRIA DIGNIDADE."

MAXIMILIANO WOUTERS

# PROTOTIPAÇÃO

**N**esta etapa da Jornada do Colaborador, já temos a chance de pôr a mão na massa e mostrar os resultados para os envolvidos em um determinado ponto de dor. Essa fase se torna mais interessante, porque os colaboradores passam a ver o processo de forma mais prática no que tange a resultados.

Como a prototipação trata de desenhar um modelo básico da melhoria e a proposta é testá-lo com o grupo mapeado ou as *personas*, nesse momento há um resultado mais visível a todos. Nessa fase, literalmente, passamos a resolver as questões levantadas durante o processo.

Problemas de várias ordens, na prática, começam a ser resolvidos ou, pelo menos, passam pela tentativa de serem corrigidos.

Por exemplo, se houve reclamação da limpeza do banheiro e foi levantado que estava sendo limpo poucas vezes por dia ou em horários não bem planejados, uma nova escala é programada e as pessoas passarão a perceber essa mudança imediatamente. É claro que esse exemplo é simples; então, imagine algo mais importante.

Um diretor foi duramente criticado por falar apenas com seus gerentes e ignorar as demais pessoas de seu departamento, o que causava um mal-estar, sensação de arrogância ou exclusão.

É possível que uma das primeiras tentativas de correção seja justamente uma reunião com todos os colaboradores, para que todos tenham a oportunidade de falar com o diretor. Ou, ainda, ele pode agendar reuniões regulares com todos os indivíduos de sua área, mostrando a inclusão de cada um na prática.

Outra solução, ainda mais atraente, seria um evento com todo o departamento, uma espécie de *Team Building*, no qual todos teriam a oportunidade de falar abertamente sobre suas inquietações, tudo com a presença do gestor, que se mostrará aberto a uma nova fase de comunicação com os seus subordinados.

Um evento como esse promove liberdade, bem-estar, dá abertura para que todos se sintam à vontade para expor suas opiniões, ainda que sejam negativas. Nesse momento, são debatidas ideias, sugestões, críticas de toda ordem e há a possibilidade do *feedback* do gestor, para que ele possa mostrar o seu comportamento até então, de seu ponto de vista, que provavelmente não terá sido uma má intenção, mas uma falha qualquer.

Esse exemplo é muito positivo, porque demonstra que problemas estão em todos os níveis, bem como a possibilidade de falhas, soluções, oportunidades que podem ser mapeadas e melhoradas.

Todos fazem parte.

---

Eu abro os olhos, sentindo um vento leve em meu rosto.

Estamos no cemitério, onde minha irmã foi enterrada.

"Eu não acredito!"

Olho para ela e aperto sua mão.

"Por que estamos aqui? Como pode ela estar comigo agora?"

— Não se preocupe em entender, Tim, só sinta este momento.

"Ela sabe o que eu estou pensando..."

Ela ri.

— Sei!

Fabi solta a minha mão e começa a caminhar pelo cemitério. Ela faz isso como se estivesse caminhando em um jardim qualquer, toca as flores com as mãos, enquanto passa por alguns corredores.

"Que engraçado, eu até esqueço que estamos num cemitério, sinto uma paz profunda invadir meu peito."

Simplesmente sigo os passos e os gestos dela. Ela olha para trás, na minha direção e ri.

— Estamos brincando de siga o mestre?

Eu respondo, rindo também.

— Se você quiser...

Ela sai correndo, ainda tocando flores e árvores.

Eu rio.

— Fabi!

Ouço sua gargalhada e sinto como se nós dois fôssemos crianças novamente. Inocentes, sem dor alguma, apenas brincando, sem o peso do significado do lugar.

Ela cruza entre um lado e outro e eu faço o mesmo. Assim como ela, decido tocar algumas flores também.

— Você não me pega! – ela provoca.

"Eu não acredito!"

— Fabi!

— Tim!

Rimos um do outro.

Eu ainda estou correndo atrás dela, quando ela finalmente para. Fica em pé de frente a um túmulo, com as mãos na cintura. Eu ainda estou olhando seu rosto, quando ela me encara e diz, apontando com a mão.

— Olha!

Eu olho e leio seu nome.

"Meu Deus, por um momento, eu esqueci!"

Sinto um nó na garganta e me sento no chão.

Abaixo a cabeça.

Fabi se senta bem à minha frente e pega nas minhas mãos.

— Vamos falar sobre isso?

Eu sinto uma vontade imensa de chorar, mas seguro.

Respiro fundo.

"Ela está aqui comigo agora, não preciso chorar!"

Tento convencer a mim mesmo.

— Você pode chorar, se quiser, Tim. Afinal, você demorou tanto tempo para chorar, né?

Levanto o meu rosto e olho em seus olhos.

— Você sabe disso, Fa?

Ela balança a cabeça.

— Mas como... como você sabe?

Ela aperta a minha mão e solta, fica com as pernas cruzadas e coloca os braços sobre elas.

— Me fale sobre como foi aquele dia.

— Por quê?

— Eu quero ouvir de você.

Olho para a lápide dela e fecho os olhos um instante, antes de começar a me lembrar.

Crio coragem e começo.

— Como eu disse antes, naquele dia, eu fui para o hospital liberar o seu corpo.

"Ai, meu Deus, como é horrível dizer isso!"

— Só continue, Tim.

Espremo os olhos e volto a narrar.

— Era fim de tarde. Eu fiquei a noite inteira com a nossa família, estávamos todos acabados.

— Hum.

— Roberto, seu marido, cuidou das partes burocráticas.

— Eu sei.

"Se ela sabe, por que eu tenho que reviver isso em minhas lembranças? Ok, vou fazer o que ela pede."

Somente prossigo.

— Nós não tínhamos muitos recursos, daí entra o antigo chefe do nosso pai, Macedo.

Olho ao meu redor e suspiro.

Aponto discretamente para o túmulo dela.

— Ele tinha esse terreno aqui e acabou arcando com os custos do velório.

— E o que mais, Tim? Eu sei que tem mais.

Balanço a cabeça e apenas obedeço.

— Eu fui escolher o seu caixão...

Olho para ela, com medo de continuar, mas volto a narrar o pior dia da minha vida.

— Também fui assinar a documentação necessária para todo o processo. Seus filhos estavam com três e um ano. Eu fiquei em êxtase, dormência, em total estado de choque.

— Eu sei, Tim. Continue.

— No velório, todos estavam chorando, mas eu não conseguia chorar.

Sinto minha barriga outra vez inteira se remexendo.

"O que é isso, meu Deus? Como dói me lembrar de tudo isso."

Fabi põe a mão sobre o meu abdômen.

Eu respiro fundo.

— Eu me lembro da cena do nosso pai sentado num canto com a cabeça encostada na parede.

Eu, inevitavelmente, começo a falar e chorar ao mesmo tempo.

— Ele ficou doze horas gemendo, não tinha mais lágrimas para chorar, de tanto que chorou.

— Eu sei.

— Nossa mãe ficou muda, não sabia o que falar, só chorava. Por horas a fio.

Olho para minha irmã, ela tem os olhos levemente lacrimejados, mas não parece triste, ela sorri e me encoraja a continuar. Eu sigo:

— Nossa irmã Cris teve uma crise perto do caixão, ela gritava que tinha que ter sido ela e não você.

— E você a amparou, a abraçando.

Balanço a cabeça.

— Sim, mas como você sabe?

— Eu estava lá, Tim.

"Mas como pode?"

Ela insiste.

— Me conte mais!

Eu limpo a garganta do choro e volto às minhas lembranças mais doloridas.

— Roberto estava lá, totalmente fechado, recebendo as pessoas, mas não expressava absolutamente nada.

— É...

— Teve uma hora em que ele me perguntou: "Cadê os documentos da sua irmã?", ele pegou o seu RG e disse "vou guardar comigo!".

— O que mais aconteceu naquele dia, Tim?

Movimento meu corpo sobre o chão, olho seu nome na lápide de novo e confesso:

— Eu que fui fumante dos dezoito aos vinte e três anos e tinha parado a fumar, voltei a fumar naquele dia.

— Foram muitos cigarros naquele dia. – ela me chama a atenção e eu prossigo.

— Roberto também fumou muito, tentando se acalmar.

Respiro fundo e fico em silêncio, olhando para o chão, toco a grama verde um instante.

Um choro sai sem que eu consiga segurar.

— Coragem, Tim.

Eu falo, chorando.

— Até você ser enterrada, todos voltamos para casa acabados. Passamos o resto da semana em estado de dormência, ninguém se falava. Era como se o mundo tivesse parado para a gente.

Eu me encolho em meu corpo e choro ainda mais.

Fabi toca minha cabeça e passa a mão no meu cabelo. Ficamos assim um tempo, até eu parar de chorar.

Ela me pergunta:

— Quando foi que você chorou a minha morte? De verdade?

Eu levanto a cabeça e limpo o rosto na minha roupa.

Respondo, já sentindo um peso a menos desse dia.

— Eu senti que chorei a sua morte quando eu li aquele livro que você estava segurando no meu escritório.

Ela cita o nome do livro.

— *Violetas na janela*!

— Sim, foi um tempo depois. Quando eu li aquele livro, me senti tão compenetrado, que não conseguia parar, parece que eu ia encontrar as respostas para tudo que estava sentindo.

Ela me olha e sorri.

— Sim... continue!

— Eu ia trabalhar lendo aquele livro, tinha trechos que me emocionavam, eu ficava imaginando você sendo amparada, cuidada.

— E foi exatamente assim.

— Foi? – eu solto um sorriso de alívio e alegria.

— Foi!

Suspiro, aliviado.

— Mas me fale mais sobre o livro, Tim.

— O livro dizia muito sobre a relação dos encarnados e desencarnados, de como influenciamos o lado de lá, de acordo com o que fazemos do lado de cá.

— Isso é verdade.

— Toda noite, quando eu ia dormir, rezava e conversava com você.

Ela ri.

— Eu me lembro.

Eu rio também, porque agora sinto que ela estava comigo, de verdade. Continuo:

— Eu chorava e falava "não fica triste, eu não estou triste, você está descansando, mas eu sinto a sua falta, Fabi".

Ela ri e brinca.

— Exceto a fala de que você não estava triste, eu acreditava em tudo.

Eu rio e concluo:

— Eu sempre terminava a oração dizendo "eu te amo".

Ela balança a cabeça. Eu sigo falando:

— Isso aconteceu durante quinze dias seguidos.

— Foi lindo, Tim.

— No último dia, eu sonhei com você, vi você num sonho, numa sacada de um apartamento, você dava tchau para mim e dizia "eu também te amo, Tim". Você me dava tchau e ia embora.

Eu caio num choro alto e compulsivo.

— Você me dava tchau e ia embora.

Ela toca mais uma vez a minha cabeça. Eu levanto o rosto e falo, ainda chorando:

— Depois desse dia, eu não chorei mais, nunca mais tive esse tipo de diálogo com você, porque eu finalmente me senti preenchido.

— Do vazio da minha ausência.

— Sim. Eu senti que fui ouvido, abraçado e decidi que devia parar de chorar para não fazer mal para você.

— E você decidiu seguir sua vida, irmãozinho.

— Foi, mas sempre que eu falava sobre esse sonho sentia me arrepiar inteiro, porque eu sabia que tinha sido real.

— E foi, Tim, é claro que foi.

Eu fungo o nariz e limpo a garganta.

— E agora, Fabi?

— Agora eu estou aqui.

— Você não vai embora?

— Ninguém vai embora de verdade. A gente só muda de lugar, é como uma viagem.

— Mas eu sinto saudade.

— Você só precisa saber que é temporário, nós vamos nos encontrar de novo.

— Vamos?

Ela sorri e assente com a cabeça.

— Sim!

De repente, ela se levanta e estica as mãos para mim.

— Vamos caminhar?

Eu dou a mão para ela.

— Vamos!

E me levanto.

Agora andamos devagar pelo cemitério.

— É estranho estar aqui com você, Fabi.

— Mas não é bom?

Eu rio.

— Nossa, é muito bom.

Ela ri também.

Seguimos andando em silêncio e olhando o céu, o verde da grama e das árvores, além de ouvir o som de inúmeros passarinhos cantando.

De repente, Fabi pega uma flor.

— Olha essa flor, Tim, não é linda?

Eu não digo nada, mas pelo meu olhar ela sabe que eu concordo.

A cor tem um tom entre amarelo e laranja, nunca vi uma cor tão bonita assim em uma única flor.

Fabi arranca uma pétala e me entrega.

— Toma! Guarda no seu bolso.

Eu rio.

— Por quê?

— Para você ter uma lembrança minha, ué!

Eu rio. Pego a pétala na mão e sinto a sua textura.

— É macia.

Minha irmã ri.

— É.

Guardo no bolso da calça e seguimos caminhando.

— Tim?

— Quê?

— Me fala mais sobre o seu trabalho.

— De qual parte?

— Da parte que você parou.

— Hum.

— Qual é a próxima etapa da sua Jornada do Colaborador?

"Ela está mesmo atenta a tudo que estou contando sobre meu trabalho."

— É claro que estou.

Ela tira sarro e eu decido seguir na minha explicação profissional.

— A próxima etapa se chama Prototipação.

— Nossa, que nome esquisito.

Fabi ri, mas continuamos andando e eu não dou bola para o comentário, apenas foco no conteúdo da informação.

— O protótipo trata de desenhar um modelo básico da melhoria. A proposta é testá-lo com as *personas*.

— Hum, sei. E isso acontece de que forma?

"Olha, ela está prestando total atenção..."

— Claro que estou.

Eu rio e volto ao meu raciocínio.

— Pode ser física ou digitalmente, dependendo do problema a ser resolvido.

— Me dá um exemplo?

— Sim, senhorita, claro.

Rimos.

Eu sigo:

— Por exemplo, se em determinada pesquisa foi mapeado que um grupo de pessoas tem dificuldades para acessar a intranet da empresa, o protótipo pode ser um passo a passo orientando de forma mais clara sobre como fazer o primeiro acesso.

— Interessante, parece até uma regalia para os colaboradores.

— É e não é! A empresa pode querer, sim, melhorar a rotina de trabalho de seus colaboradores, mas resolvendo problemas como esse também pode melhorar a produtividade das pessoas, assim todos ganham. Por isso oferecer a melhor experiência possível de trabalho é bom para a empresa também.

— Nossa, não parece fácil.

— Fácil não é, mas é possível.

— Leva tempo.

Suspiro e respondo:

— Leva tempo, por isso quanto antes a gente começar a fazer, melhor!

— E como você faz para chegar a esse protótipo, Tim?

— Para chegar a esse protótipo, podemos usar o Duplo Diamante, que eu já mencionei, a ferramenta que facilita a cocriação, muito usada no *Design Thinking*. Percorrendo as etapas do Duplo Diamante, usando os dados coletados nas pesquisas e as demais ferramentas como Mapa de Empatia, Mapa de Jornadas e Matriz de Prioridade ou a GUT, chegaremos às ideias que podem ser prototipadas.

— Hum.

— Esse protótipo também é conhecido como MVP: *Minimum Value Product* ou Produto Mínimo Viável.

— Incrível!

— O quê?

— Como você se sente feliz fazendo tudo isso pelas pessoas.

Suspiro.

— O pior é que é verdade, Fabi.

— Por que você acha que faz isso?

— Você sabe?

Ela sorri.

— Eu sei!

— Então me diz, irmãzinha.

— É a forma que você encontrou de superar a minha perda.

Eu paro de andar e me percebo imóvel, com as mãos na cintura.

— Oi?

Ela para e me olha sorrindo.

— É verdade, Tim, não é óbvio?

— Eu não sei. É?

Ela balança a cabeça.

— É claro que é.

— Me explica!

Volto a caminhar e ela também.

— Quando a gente sente uma dor muito grande, inconscientemente buscamos uma válvula de escape.

— Válvula de escape?

— É, isso. Tem gente que encontra no álcool, outros nas drogas, no sexo, em festas, e outras pessoas, como você, no trabalho.

— No trabalho?

— É, você mergulhou em algo positivo, quis crescer na vida, sempre pensando que começou a sua carreira a partir do primeiro emprego que arrumei para você.

— É mesmo, agora eu entendo.

— Sim. E com toda a dor que sentiu, sempre quis melhorar a situação dos outros, porque, no fundo, toda melhora refletia em você mesmo.

Eu respiro fundo e solto, lentamente.

— Você tem razão, Fabi!

— Parabéns, Tim!

— Por quê?

— Foi uma forma positiva e bonita de lidar com a dor. Você se moldou e construiu um entorno melhor.

— Eu não tinha pensado nisso.

— Mesmo assim o fez.

— Obrigado!

— Pelo quê?

— Por me mostrar isso.

— De nada!

Rimos.

— Você gostou muito de trabalhar nessa empresa, né, Tim?

— Sim, muito.

— Eu nunca imaginei que você fosse sair dela.

Eu paro com as mãos na cintura.

— Mas você já sabe que eu saí? Faz tão pouco tempo.

— Eu sei tudo sobre você, meu irmão.

— Você está sempre por perto, Fabi? É isso?

Ela balança o pescoço em sinal afirmativo.

— Obrigado!

— Não me agradeça, eu gosto de estar perto de você.

— E dos seus filhos?

Ela sorri.

— Eu também estou sempre com eles.

— E você acha que eles sabem disso?

— Eles sentem a minha presença. Às vezes, eles se perguntam se é coisa da cabeça deles, mas, no fundo, eles sabem.

Eu abro um largo sorriso. Gosto da paz de estar ao lado dela. Suspiro.

"Se isso é um sonho, eu não quero acordar nunca mais, meu Deus!"

— Mas vai acordar.

Paro de caminhar.

— Mas eu não quero!

— Quer sim!

— Claro que não!

Eu rio e ela sai correndo.

— Fabi? Volta aqui!

Eu corro atrás dela.

— Fabi, volta, Fabi!

Ela cruza de um lado para o outro e eu posso ouvir ela rindo.

— Para, Fabi! Vamos conversar mais, por favor!

Mas ela não para. E eu sigo correndo atrás dela, feito um bobo.

De repente, ela some.

— Fabi!

Eu olho para todos os lados e não vejo mais a minha irmã.

— Fabi? Cadê você?

Ela aparece e toca minhas costas.

— Buuuuu!

Eu dou um pulo.

— Ai, Fabi!

Ela ri.

— Bobo!

Eu acabo rindo também.

E voltamos a caminhar.

E então, Tim, quais os resultados possíveis da prototipagem? Você não me falou.

"Verdade."

— Tá. Existem três possibilidades.

— Três?

— Sim: perseverar, pivotar ou abandonar.

— Esses nomes são esquisitos.

— São nada, eu vou te explicar.

— Então explica.

— Tá. Perseverar! Se os resultados forem positivos, agora que você validou suas ideias, pode lançar e continuar desenvolvendo o seu produto ou serviço. É importante ressaltar que o projeto final não precisa estar perfeito para se perseverar, a ideia é que haja progresso mesmo com detalhes a serem corrigidos.

— E o que mais?

— Pivotar! É uma forma de manter a base do projeto, mas alterar variáveis estratégicas. Um *pivot* pode ser a adaptação do colaborador e das suas necessidades, uma mudança de plataforma de lançamento, da logística ou de tecnologias ou até da transformação do seu produto ou serviço para uma nova funcionalidade. A dica é voltar nas etapas anteriores e testar novas hipóteses.

— Entendi, então se tem algo a ser corrigido é pivotar.

Eu rio.

— Isso.

— E o próximo?

— Abandonar! Diferentemente das alternativas anteriores, nós escolhemos abandonar um MVP quando os problemas não são mais aplicáveis às alterações e se tornam estruturais.

— Quando não tem mais por que ser trabalhado.

— Isso. Mas lembre-se de que para criar soluções utilizando o *Design Thinking* vai se fazer necessário um grupo de profissionais com diferentes pontos de vista, que atuam em diferentes áreas da empresa para tornar o resultado mais rico.

— Diferentes perspectivas.

— Exato. Ao chegarmos nesse ponto, teremos resolvido parte das dores mapeadas na jornada com a implementação

do MVP, também teremos direcionado problemas menos complexos a serem resolvidos localmente por meio de um *business partner* de RH. Daí, escolhemos outra microjornada para recomeçar esse processo.

Fabi para de andar.

— Que incrível, Tim! Que orgulho de você!

Eu me sinto cheio por dentro. Abastecido.

— Você dizendo isso faz tudo ter sentido, Fabi.

— Foi você que trouxe sentido a isso tudo, meu irmão. Você pode se orgulhar de si mesmo, sem modéstia.

— Não quero ser orgulhoso.

— Porque você sempre foi humilde, mas não deixe de reconhecer seu mérito.

Balanço a cabeça.

Fabi vem na minha direção, segura as minhas duas mãos e começa a girar.

— O que é isso agora, Fabi?

— Vamos girar, Tim!

Eu rio.

— Mas por quê?

— Para ser feliz nesse momento, oras.

Ela gira, gira, gira, sem parar.

— Eu estou ficando tonto, Fabi!

— Se entregue, Tim!

— A quê?

— A esse momento.

— Mas, Fabi...

Ela continua girando, girando e eu sinto como se estivesse adormecendo.

— Fabi? Fabi?

Minha cabeça fica atordoada e eu não sinto mais nada.

## EXERCÍCIO

Considerando os conceitos da Prototipagem, pense numa solução que foi desenvolvida para um problema real da sua empresa, agora, imagine três resultados possíveis, considerando as seguintes expectativas:

a) Perseverar.

b) Pivotar.

c) Abandonar.

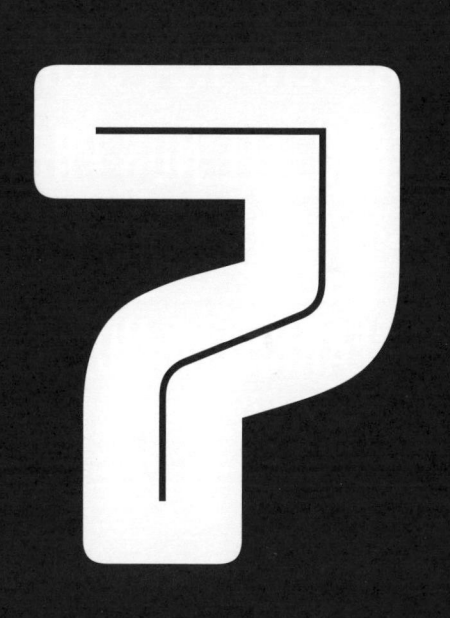

"DA MESMA FORMA QUE
O TRABALHO NOS DIGNIFICA,
EM EXCESSO, ELE NOS PREJUDICA."

CLARISTELA NOVAES

# IMPLANTAÇÃO

**A** última etapa da jornada, chamada de implantação, é o momento em que colocamos o MVP aprovado em prática para minimizar os pontos de dor identificados na microjornada, a implantação consiste em tornar naturais dentro da empresa as soluções que foram apontadas pelos próprios colaboradores. Lembra-se do exemplo no capítulo anterior sobre a reclamação do banheiro sujo? Então. Não é suficiente limpar o banheiro uma única vez, ou durante uma semana, ou ainda um único mês. Implantação significa que esse problema não deverá mais existir, portanto, deve ser criado um processo, em que esse ponto não tenha recorrência. É provável que nesse exemplo já existisse um processo. Por isso o processo anterior é melhorado. Quando não há processo para o que foi identificado, cria-se um.

Em outro exemplo, citamos a reclamação sobre um diretor que só conversava com alguns gerentes. A solução não consiste em esse diretor conversar apenas uma vez com as pessoas que reclamaram a falta desse canal de comunicação, mas abrir um caminho regular e funcional, como a regularização de reuniões semanais, quinzenais ou, até mesmo, mensais com as pessoas que apontaram a falta desse gestor.

A implantação nada mais é do que a inserção de processos para que novos hábitos se instalem e não mais desapareçam. Essa é a única forma de sanar os problemas apontados pelos colaboradores.

É possível que o problema não se resolva 100%, ou que a resolução não se mostre perfeita. Nesse caso, a dor pode ser novamente apontada e mais uma vez analisada.

Ou seja: existe um ciclo de identificação do problema, sugestões para a solução e a resolução em si, sendo implementada de forma efetiva. Os colaboradores são ouvidos, reconhecidos como peças importantes dentro da empresa e como criadores de soluções. Assim, eles se sentem vistos e recebem, na prática, as vantagens daquilo que propuseram.

Os participantes da jornada se tornam os olhos da empresa, identificam questões, pensam em soluções e acabam acompanhando as propostas de melhoria, de forma que eles podem mais uma vez colaborar com o desenvolvimento dentro da empresa e dos processos.

Mesmo a implantação sendo um processo final, como tudo na vida, estamos sempre em crescimento, o que permite que os colaboradores identifiquem outros pontos imperfeitos. Com base nas experiências que tiveram em suas jornadas, eles se sentem à vontade para, mais uma vez, colaborar com a empresa.

A jornada se completa em um ciclo, mas pode se repetir no próprio ciclo ou em outros, criando um processo de melhoria contínua na organização.

Apesar de a Jornada do Colaborador estar conectada ao RH, ela beneficia todos os departamentos, colaboradores, desde a base até o topo.

A Jornada do Colaborador se torna algo vivo na empresa, latente como uma veia, alimentando o todo, mostrando onde estão as dores e criando o próprio remédio.

É tão bom que nem chamo de remédio, mas de imunidade.

---

Eu não sei como, mas num piscar de olhos estamos em outro lugar.

Abro e fecho os olhos repetidas vezes, não acreditando no que estou vendo.

— Mas é a praia de São Vicente! – falo embasbacado.

Ouço a risada da Fabi.

"Eu não acredito!"

Olho para baixo e vejo os meus pés descalços na areia, já mexendo os dedos.

"Que delícia!"

— Mas cadê meus sapatos?

Movo os pés e sinto a areia fofa entrando entre os dedos.

"Que sensação maravilhosa, meu Deus! Há quanto tempo..."

Sinto o vento em meu rosto e o cheiro da maresia.

Olho ao nosso redor e não tem ninguém, exceto eu e a minha irmã.

— Fabi?

— Aproveite, Tim!

Encho o peito de ar e decido não perguntar.

"É bom demais!"

Começamos a caminhar na areia, com aquela dificuldade habitual de se sentir afundando.

— Fabi?

— Oi, Tim!

— A gente sempre vinha para cá, você gostava de vir aqui.

Ela ri.

— Por isso mesmo estamos aqui!

"Não acredito! É demais!"

Eu continuo desacreditando.

— Mas não tem ninguém, como é possível?

Ela anda em direção ao mar e responde.

— Eu fiz uma reserva só para nós dois.

— Com quem?

— Com Deus, oras!

"Mas que abusada!"

— Eu não sou abusada!

Rio e corro para molhar meus pés na água.

Chego na beira do mar.

— Ahhhhh!

Estico os braços para cima e fechos os olhos.

Mesmo de olhos fechados, ainda vejo as nuvens no céu azul e o sol brilhando.

"Como pode?"

Sinto a água gelada com os pés e a areia se dissolvendo embaixo deles.

"Como é bom!"

Agora caminhamos rente ao mar e eu não consigo parar de sorrir.

— E então, Tim, qual é a última etapa da sua jornada?

— Já estamos na última?

Ela brinca.

— Não sei, a jornada é sua, você vai criar mais etapas?

— Acho que não.

— Então é a última, ué. Como ela chama?

"Não consigo parar de sorrir. Essa praia nunca esteve tão bonita! E o cheiro..."

Respiro profundamente, tentando guardar esse cheiro dentro de mim.

Continuamos a conversar, mesmo com o meu corpo todo conectado à energia e à beleza desse lugar.

Fabi me chama a atenção.

— E então, Tim, qual o nome da última etapa da sua jornada?

Suspiro.

— Ah, sim. Implantação.

— Implantação... – ela repete.

Jogo água na Fabi com o pé. Depois me abaixo e fico jogando mais água com as mãos, ela grita e sai correndo.

— Para, Tim!

Eu corro atrás dela e volto a caminhar, sossegado.

Olho desacreditando da paisagem e da paz que estamos vivendo nesse exato momento.

"Momento de presença, do agora, de plenitude. Como é bom estar aqui, meu Deus. Obrigado!"

Fabi me chama a atenção de novo.

— Tim? Como é a implantação?

Agora tento me concentrar na minha irmã querida.

— Bom, depois da penúltima fase, do protótipo testado, é hora de fazer os ajustes que vieram do teste.

— Hum.

Respiro fundo e continuo, caminhando e falando, ao mesmo tempo.

— Fazemos a implantação para que tudo se torne um processo formal na empresa.

— Oficial, você quer dizer?

— Sim, as soluções apontadas, testadas e aprovadas têm que começar a fazer parte do dia a dia da empresa, de forma natural.

— Tá.

Sinto uma onda mais forte bater na minha perna, mas não perco o foco.

— Para tanto, é necessário checar os caminhos para que isso ocorra, já que cada empresa encontra seu caminho.

— E depois?

"Vejo a onda se desmanchando na areia."

— Após implantado, é importante continuar monitorando esse ponto de contato.

— Para quê?

— Para sentir se a experiência mudou. Para isso, continuam colhendo os sentimentos com pesquisas quantitativas, qualitativas e eNPS.

— Uau...

"Me sinto todo orgulhoso. E absolutamente feliz por esse lugar."

Olho para ela.

— Gostou, Fabi?

— Muito. Estou orgulhosa de você. De verdade.

— Obrigado!

Paro um instante e fecho os olhos. Essa brisa do mar parece única, o cheiro, a temperatura da água e da areia, nunca senti tantas sensações boas ao mesmo tempo como agora.

"É incrível!"

Abro os olhos para a Fabi e pergunto:

— É por que você está aqui?

"Já que ela lê meus pensamentos, nem preciso explicar a minha dúvida."

— O que você acha?

Abaixo os olhos para a água rasa batendo na minha panturrilha.

— É, deve ser. Estamos num sonho, não estamos?

Ela se balança de um lado para o outro.

— É..., é como se fosse.

— E qual a diferença, Fabi?

— É real, Tim!

"É real..."

— E eu não vou esquecer?

— Você quer esquecer?

Sinto um aperto no peito ao pensar na minha resposta.

— Por mim, eu nem acordaria mais.

— Mas você vai acordar, Tim.

— Eu não posso escolher ficar aqui?

— Não, não pode.

— Por quê?

— Você ainda não terminou a sua Jornada do Colaborador.

— Terminei sim.

Ela ri.

— Terminou de me explicar, mas você vai começar essa sua jornada em outra empresa.

Paro, atônito, com as mãos na cintura.

— Como assim em outra empresa?

— Logo você vai se mudar.

"Eu? Me mudar? Por quê?"

— Mas como assim? Eu não pretendo me mudar.

— Não pretende agora.

Ela ri e sai correndo.

Eu grito.

— Fabi, mas para onde eu vou? Por quê? Como você sabe?

Ainda ouço sua risada e ela para, vira para trás e responde:

— Não importa onde, nem quando ou como. O importante é você saber que vai voltar, a sua jornada não terminou.

— A minha jornada de vida você quer dizer?

— Também.

— Hum.

Caminhamos lado a lado uns vinte metros em silêncio.

"Há uma paz nesse lugar, nas memórias que vivemos aqui e na presença da minha irmã. Como pode?"

Decido desabafar:

— Eu estou me sentindo um pouco egoísta, Fabi.

— Por quê?

— Por que só eu estou aqui com você? Por que nossos pais não estão aqui ou a nossa irmã, seus filhos?

— Essa escolha não coube a você, então não tem por que você se sentir responsável.

— E de quem foi essa escolha? Sua?

— Também.

Eu repito, sem pensar e sem entender.

— Também...

"Indignado pela falta de compreensão da minha parte. Eu não estou entendendo nada, meu Deus!"

— Você não tem que entender, Tim, só sentir.

— Hum.

Caminhamos um pouco mais, bem quietos, apenas ouvindo o barulho das ondas e sentindo a água sob nossos pés e nas pernas.

"É tudo tão lindo..., tão perfeito!"

Ela me aborda mais uma vez:

— Você sabe que a nossa mãe sempre foi sensitiva, Tim.

— Sim, mas o que é que tem?

— Na noite em que eu me fui, ela acordou no meio da madrugada com os meus filhos rindo...

Eu dou um pulo.

— Foi você?

— É claro que foi.

— Seus filhos estavam dormindo e eles se contorciam, como se alguém estivesse fazendo cosquinha neles.

Estou boquiaberto e imóvel. Fabi continua:

— Outra noite, ela sonhou comigo, Tim. Eu estava do lado de outras pessoas, nós conversávamos, eu estava um pouco confusa, mas fui bem recebida no lugar e eu estava bem.

— Eu me lembro disso.

— Nem tudo são sonhos, Tim!

— É, às vezes não parece mesmo, porque as sensações são muito fortes.

— Como agora!

Paro de andar.

— Eu não quero esquecer, Fabi. Nunca!

— Você não vai esquecer!

— Você jura?

Ela abre um sorriso lindo.

— Juro!

Suspiro e caminhamos um pouco mais, sinto um caranguejo passando por baixo do meu pé.

— Olha, um caranguejo!

Rimos.

Eu desabafo minhas dores um pouco mais, não as que se referem a mim, mas ao restante da família.

— Desde que você se foi, nossos pais perderam o brilho. Nosso pai, que era tão festeiro, não existe mais.

— Faz parte da jornada dele, Tim.

Olho para ela.

— Faz?

Ela balança a cabeça.

Suspiro:

— Não tem mais festa de Natal, nossos pais se isolaram da família e dos amigos, mudaram de cidade, vivem dentro de casa, só saem para o essencial. Parece que não têm mais vontade de nada.

— É, eu sei. Essa tem sido uma escolha deles.

— É uma escolha, Fabi?

— Claro que é. A aceitação ou rejeição sobre os fatos da vida cabe a cada um decidir que caminho seguir.

— Não é fácil, Fabi.

— Eu sei que não, mas, ainda assim, é uma escolha. E saiba que eles vão melhorar agora.

— Por quê?

— Por algo que você vai fazer.

— E o que seria?

— O que você estava escrevendo, Tim.

— Eu não lembro. Eu estava escrevendo?

— Quando você acordar, vai se lembrar.

"Me sinto confuso!"

Respiro fundo e decido falar um pouco mais.

— A nossa irmã seguiu a vida, casou-se, teve filhos, depois se separou.

— Ela seguiu com a vida dela.

Levanto as sobrancelhas e fico pensativo.

Depois volto a comentar:

— Suas crianças ficaram com o pai, Roberto, que mudou de cidade, você não ficou chateada?

— Não, ele também tinha o direito de fazer as escolhas dele e os meninos ficaram bem, é isso que importa.

— Você acha que eles ficaram bem?

— Sim, tenho certeza que sim.

— Se você diz...

Viro o meu corpo de frente para ela.

— Vamos voltar?

— Vamos!

Por algum motivo, sinto vontade de caminhar na direção contrária e Fabi me segue.

Eu sigo na conversa.

— Nos primeiros anos, nossos pais iam todos os meses visitar seus meninos, toda semana, espaçando cada vez mais e depois não foram mais.

Ela suspira.

— Eu sei.

— Numa dessas viagens, quando a mãe pisou na casa, ela começou a chorar compulsivamente, de soluçar, sentindo uma presença ali.

— É, eu sei, ela não conseguiu se controlar, só depois que a tiraram de lá.

Eu paro e olho para ela.

— O que aconteceu, Fabi? Você sabe?

Ela fica com os olhos levemente lacrimejados e responde, sussurrando:

— Eu a abracei.

"Uau!"

— Por isso ela não aguentou, agora eu entendo.

— Há coisas que não precisam ser compreendidas, Tim, apenas sentidas.

"Como é isso?"

— Como humanos, acho que a gente está sempre tentando compreender, Fabi.

— Mas saiba que não é necessário entender o tempo todo.

— O que você quer dizer?

— A vida fica mais leve se a gente simplesmente sente e aceita.

— Eu não sei fazer isso.

Ela para de frente para mim e segura as minhas mãos.

— Na próxima vez que você sentir algo ruim, como tristeza ou raiva, apenas respire fundo e se pergunte:

— O que isso está querendo me dizer? Como posso crescer com isso?

E apenas sinta o seu corpo, mesmo que doa, siga sua intuição e siga em frente.

Suspiro.

— Quando você fala parece fácil, mas, na prática, não é bem assim.

— Eu sei, Tim, mas é uma questão de treino, tudo na vida é aprendizado; depois a gente cresce, se fortalece e segue em frente. Caminha sempre!

— Hum.

Voltamos a andar.

— Roberto disse que nunca mais se casaria e realmente nunca mais se casou.

— Roberto está bem, Tim.

— Você esteve com ele?

Ela balança a cabeça em sinal de afirmação.

— Por que ele também teve câncer, Fabi?

Ela para e me chama a atenção.

— Eu não disse há pouco que não precisamos entender tudo.

Eu rio.

— Mas que raios, Fabi?

— A partida dele foi bem mais rápida, você sabe. Ele está bem agora.

— Você o vê?

— Sim.

"Sinto que ele está bem. Será isso que ela quis dizer? Não tentar entender e apenas sentir e confiar nisso?"

Ela responde, demorando na entonação da voz.

— Issooooo, irmãozinho, você está aprendendo.

"Não acredito. É isso, então?"

Eu rio.

Mas logo volto a falar:

— Passou tanto tempo, Fabi. Seus filhos agora têm vinte e tantos anos.

— Nem tanto tempo assim.

— Para mim foi muito tempo, mas a dor parece que não mudou muito.

Olho meus pés por um instante.

Ela continua:

— O tempo aqui é diferente. Acredite, não passou tanto tempo assim.

Olho para ela.

— Você sabe que influenciou tudo na minha vida, né, Fabi?

— Eu sei, Tim. Eu sei...

Fico com os olhos cheios de lágrimas.

— Posso te abraçar, minha irmã?

Ela abre os braços e ri.

— E desde quando você precisa de permissão para me abraçar?

Eu a envolvo em meus braços e choro.

Ficamos assim um bom tempo, com as ondas quase nos derrubando na areia.

Ela segura meus ombros e fala o que eu mais temia.

— Eu preciso ir, Tim!

Começo a soluçar e a chorar ao mesmo tempo.

— Não, Fabi, por favor. Esse é o melhor momento da minha vida.

Ela aperta meus ombros.

— Não, Tim, muitos melhores momentos ainda estão por vir.

Fecho os olhos e balanço a cabeça para os lados, falando de forma atropelada.

— Mas você não vai estar lá.

— Eu vou sim!

— Mas eu não vou te ver.

— Mas vai sentir, irmão.

— Mas e os nossos pais, nossa irmã, seus filhos? Eles vão sentir também?

— Vão.

— Tem certeza, Fabi?

Ela ri.

— Tenho, Tim.

Eu suspiro e contenho o choro.

— O que eu digo para eles quando eu voltar?

— Que esteve comigo.

— Só isso?

— E que eu estou sempre com todos vocês.

Uma onda bate na minha perna. E outra.

— O que está acontecendo, Fabi?

Várias ondas pequenas batem na minha perna em seguida, e não param.

— É hora de ir, Tim.

— Eu começo a me sentir tonto.

— Eu não quero ir, Fabi.

Sinto suas mãos segurando as minhas.

— Eu amo você, Tim!

Eu grito, tentando não cair no chão, com o bater forte das ondas nas minhas pernas.

— Eu não quero ir, Fabi!

Ela responde com calma.

— Eu amo você, meu irmão.

Eu grito ainda mais alto.

— Fabi! Eu não quero ir!

Fabi responde, mais uma vez, amorosamente.

— Vai em paz, meu irmão!

Estou implorando, aos prantos.

— Me deixa ficar, Fabi!

— Eu estarei sempre com você!

Grito, desesperado.

— Fabi!

— Fabi!!

— Fabi!!!

— — — — — — — — — — — — — —

— Amor! Acorda, amor!

Sinto meu corpo cair sobre a cama e dou um pulo, me sentando no colchão.

— Fabi? Cadê você?

Sinto a mão da Grazi em meu ombro.

— Thiago, você teve um pesadelo!

Olho para os lados e vejo que estou em meu quarto.

— Cadê ela? Fabi?

Eu me levanto e ando pelo quarto, procurando a minha irmã.

— Onde ela está? Ela estava comigo, Grazi, o tempo todo.

Grazi se levanta e se aproxima.

— Não tem ninguém aqui, meu amor, você estava sonhando.

— Mas não é possível.

"Me sinto atordoado."

Sussurro:

— Foi tão real.

A vidraça da janela se abre e um vento forte bate em meu rosto.

Fecho os olhos e uma memória vívida vem em minha mente.

"Você não precisa entender, Tim. Apenas sinta!"

Falo comigo mesmo:

— O que isso está querendo me dizer? Como posso crescer com isso?

Abro os olhos e observo tudo ao meu redor.

Respiro profundamente e adquiro mais certeza dos fatos recentes.

— Eu estava começando a escrever ontem, Grazi.

Aponto para o meu *laptop* aberto sobre a mesa.

— Ali, Grazi, eu estava começando a escrever ontem e senti um cansaço intenso.

— Mas estava escrevendo o quê, amor?

Sinto meus olhos se encherem de lágrimas.

— Um livro.

— Um livro?

— Sobre a Fabi.

Dou alguns passos até a cadeira, onde minha roupa está pendurada.

Numa tentativa que me parece absurda, checo os bolsos da minha calça. E, inacreditavelmente, ela está lá.

— Olha, Grazi!

Levanto a pétala laranja e amarela no alto.

— Olha!

— Uma flor?

— Uma pétala!

Olho para a Grazi e tento explicar o inexplicável.

— Foi a Fabi quem me deu.

Ela toma a pétala da minha mão.

— Eu nunca vi uma pétala assim antes.

Ela vira de um lado e do outro.

Gentilmente, eu a pego de volta.

— Nem eu.

Choro.

— Foi ela, Grazi! Foi ela!

Abraço minha esposa como se ainda pudesse sentir a presença da minha irmã.

Grazi me pergunta:

— Mas como você pode ter certeza? Como você explica isso?

— Eu não sei. Apenas sinto.

Respiro fundo, abraçando-a e agradeço a experiência mais linda que vivi em toda a minha vida.

"Obrigado, Fabi! Obrigado!"

# CONCLUSÃO

"A VIDA REAL DO SER HUMANO CONSISTE EM SER FELIZ, PRINCIPALMENTE POR ESTAR SEMPRE NA ESPERANÇA DE SÊ-LO MUITO EM BREVE."

EDGAR ALLAN POE

# CONCLUSÃO

**E**u não tenho palavras para descrever a perda da minha irmã. Dezoito anos se passaram e eu ainda não posso explicar a minha dor, nem da minha outra irmã, nem dos meus pais, nem de seus filhos.

Eu não posso explicar. Eu apenas sinto.

Decidi incluir minha irmã neste livro de "negócios" para homenageá-la e agradecê-la por tudo que ela fez por mim em vida e continua fazendo, pelo exemplo e pela motivação que deixou dentro de mim.

Nada que eu possa explicar. Apenas continuo sentindo.

A minha irmã foi a pessoa mais generosa que conheci. Foi ela, sim, a responsável pelo meu primeiro emprego e por tudo o que você leu neste livro. Quase tudo foi real. Apenas um pouco melhorado, para que você pudesse perceber um pouco de tudo que sinto em relação a ela.

Este livro demonstra um pouco a gratidão que sinto por ter dividido um pedacinho da minha existência com ela: na alegria, no amor, no exemplo que ela sempre foi e nos risos que nunca deixaram de ecoar em minhas lembranças.

A Jornada do Colaborador é para mim como se fosse a jornada da minha própria vida, pois tive que identificar todas as dores em mim mesmo para trabalhá-las depois, uma a uma. Deu trabalho. E continua dando. Se a Jornada do Colaborador não tem um fim certo, pois pode vir a ser um ciclo que sempre se repete, o mesmo acontece com a vida.

Construir essa jornada dentro da minha história e carreira foi uma válvula de escape que encontrei para superar a ausência da Fabi. Eu não posso explicar. Apenas sinto.

Assim como quando eu li o livro *Violetas na janela*, continuo acreditando que ela está por perto. A vida não é uma jornada que se encerra, mas que sempre se repete.

Cabe a nós valorizar cada etapa de uma jornada, aprender e crescer com ela. E se for preciso: repeti-la quantas vezes forem necessárias.

Espero que tenha gostado da história da minha irmã e das lições que a Jornada do Colaborador pode trazer para dentro da sua empresa, caso você seja um profissional do mundo corporativo. E se não for, que encontre as suas lições mesmo assim, sejam elas quais forem.

Se você não puder explicar, feche seus olhos e apenas sinta.

Desejo a você a melhor jornada possível.

Do Colaborador e da vida.

Muito obrigado!

## CONTATOS

Instagram: @thi.matos_

LinkedIn: https://www.linkedin.com/in/thiago-matos/